陪孩子

PEI HAIZI YIQI

一起上

SHANG YOU' ERYUAN

付小平 著

幼儿园

（最新增订版）

電子工業出版社

Publishing House of Electronics Industry

北京 BEIJING

图书在版编目（CIP）数据

陪孩子一起上幼儿园：最新增订版/付小平著. —北京：电子工业出版社，2019.6
ISBN 978-7-121-36292-7

Ⅰ.①陪… Ⅱ.①付… Ⅲ.①儿童教育—家庭教育 Ⅳ.①G781

中国版本图书馆CIP数据核字（2019）第067161号

策划编辑：潘　炜
责任编辑：潘　炜
文字编辑：杜　皎
印　　刷：三河市双峰印刷装订有限公司
装　　订：三河市双峰印刷装订有限公司
出版发行：电子工业出版社
　　　　　北京市海淀区万寿路173信箱　邮编 100036
开　　本：720×1000　1/16　印张：16.75　字数：190千字
版　　次：2019年6月第1版
印　　次：2019年6月第1次印刷
定　　价：49.00元

凡所购买电子工业出版社图书有缺损问题，请向购买书店调换。若书店售
缺，请与本社发行部联系，联系及邮购电话：（010）88254888，88258888。
质量投诉请发邮件至zlts@phei.com.cn，盗版侵权举报请发邮件至dbqq@phei.
com.cn。
本书咨询联系方式：（010）88254210。influence@phei.com.cn，微信号：
yingxianglibook。

幼儿园是孩子迈入的第一个小社会，
大手拉着小手，
陪他一起走吧。

目 录
Contents

推荐序一：童年是幸福的起点　朱永新 /1

推荐序二：做懂孩子的父母　林　怡 /5

推荐序三：让孩子拥有一个高质量的幼儿时代　陈　忻 /8

PART 1　为孩子进幼儿园做准备

幼儿园是孩子人生第一堂社会课 /2

教养贴士 我们不可能陪伴孩子一辈子，保护孩子一辈子，孩子终有一天要走向社会、融入社会。

陪孩子迈好入园第一步 /7

教养贴士 上幼儿园是孩子去接触社会的第一步，不可避免地会遇到各种适应难题。其实这是孩子的一次脱敏过程，经历过这些事情，孩子就会不断变得从容。

全托，不要轻易送孩子上 /12

教养贴士 父母对孩子无条件的爱，与孩子的亲密互动，有利于孩子安全感的建立，良好亲子关系的形成。

选对老师，比挑选幼儿园更重要 /17

教养贴士 一所好的幼儿园，并非所有老师都尽职尽责；一所一般的幼儿园，也有很多好老师会对孩子尽心尽力。

生活能自理，是孩子走向独立的起点 /22

教养贴士 孩子如果没有在幼儿阶段养成生活自理的习惯，越到后面就越难自立。从两岁以后，在每一个成长阶段，孩子都有自己的成长任务，在日常生活中都有自己能够独立完成的一些事情。

让孩子提前适应幼儿园的作息 /27

教养贴士 一般来说，当孩子很小的时候可以让孩子与大人睡一个房间，分床睡。当孩子3岁左右时，就可以尝试让孩子自己睡觉，但需要循序渐进，最好有些过渡的措施。比如事先跟孩子商量好，大人先陪睡一会儿或者讲几个睡前故事再离开。把房间重新布置得更加温馨或者买一张漂亮的新床。最为关键的是，要让孩子意识到，即使跟大人分开睡，仍然能感受到爸爸妈妈的关爱。

父母的入园焦虑，究竟如何破解 /33

教养贴士 当孩子正式进入幼儿园以后，家长的角色就会发生很大变化。如果我们能够提前对这个角色有更多认识，逐渐从小宝宝的家长转变为幼儿园孩子的家长的角色，那么我们就能给到孩子更多的信心和支持，就有可能让孩子的入园之路走得更加顺畅和从容。

PART 2 父母的改变决定孩子的能力

孩子一上学就哭，家长怎么办 /40

教养贴士 大部分孩子入园初期之所以出现哭闹的情况，一个重要原因就是还没有学会一个人独处，从未体验过孤独的滋味，不愿意跟细心照顾他的爸爸妈妈或家里老人分开。为了尽可能避免或减少孩子入园哭闹的现象，我们应该从小就给孩子创造更多的独处机会。

孩子生病了，要不要坚持上幼儿园 /46

教养贴士 如果只是一点小感冒，没有咳嗽和发烧的迹象，精神状态很好、食欲也正常，这种情况下是可以坚持送孩子上幼儿园的。此外，一些非感染性慢性疾病，比如季节性哮喘、慢性气管炎等，孩子也是可以去上幼儿园的。

怎样让孩子学会保护自己 /50

教养贴士 当孩子很小的时候，我们就需要教会孩子判断自己身体中的重要部位，让孩子知道身体属于自己，身体的某些部分应被衣服所覆盖，不许别人看，更不许触摸。孩子有拒绝任何人触碰的权利。

有管教才是真爱 /55

教养贴士 爱得过度，就会变成溺爱；爱得不当，甚至会变成恨。无条件的爱绝不是溺爱，爱中有管教才是对孩子最大的爱。

与孩子一起订立规则 /61

教养贴士 一个快乐的家庭中，规则运行得很自然，家庭生活是愉快的"给"与"取"，父母和孩子是同伴。在不快乐的家庭中，纪律是恨的武器，服从变成美德，孩子是奴隶与财产。

别让孩子伤在"听话"上 /66

教养贴士 在儿童期有反抗倾向的人中，84% 的人成年后意志坚强，有主见，有独立分析、判断事物和做出决定的能力；而儿童期没有反抗倾向的人中，仅有 26% 的人成年后意志坚强。

放手，孩子才能独立 /71

教养贴士 如果在孩子心里，任何事情都能寻找到靠山，孩子就容易养成一种依赖心理，在心理上难以跟父母"断奶"。

允许孩子犯错，给孩子自我成长的机会 /76

教养贴士 当孩子犯错时，记住：不管你多么生气、多恼火，一定要努力克制住情绪，不要乱贴标签，比如"坏孩子"、"惹祸精"等。

别让"教育"破坏孩子的专注力 /82

教养贴士 专注力虽然是孩子学习所必备的能力，但往往很难在一本正经的学习中完全培养出来，大都是在玩耍、游戏、运动、户外活动等孩子感兴趣的事情中培养起来的。

别以安全之名，剥夺孩子运动的机会 /86

教养贴士 运动不仅能保持孩子身体健康，还能促进大脑发育，对发展孩子的手眼脚的协调能力大有帮助，直接会影响到孩子学习写字。

4

PART 3 每一个问题都是一次机会

孩子爱说谎，父母先别慌 /92

教养贴士 *"假如你的孩子说谎，他不是怕你，就是在模仿你。撒谎的父母必定有撒谎的子女。如果你要孩子说实话，就不要对他们说谎。"*

孩子欺负人，父母需纠正 /96

教养贴士 *每个小朋友都会有这么一个阶段，喜欢通过拳头来表达自己情绪，因为用身体表达远远比语言表达来得更简单、更直接。*

孩子爱比较，父母要引导 /102

教养贴士 *孩子在成长中会通过比较了解自己的优势，转化为自己进步的动力。如果在比较中，孩子不满足于自己的位置，又暂时找不到超越别人的办法，那么就很容易对那些他们认为"比自己漂亮、比自己聪明"的小朋友产生嫉妒心理。*

孩子的"坏脾气"，父母要用心对待 /107

教养贴士 *学龄前的孩子自我意识不断发展，每天要应付那么多新鲜经历，身体还在迅速变化，乱发脾气其实是一种正常的情绪表达。*

孩子在幼儿园不午睡，家长别紧张 /111

教养贴士 *小朋友的适应能力是最强的，家长要给孩子主动适应和调整的时间，要尽量给孩子独立成长的空间和机会。*

面对暴力，教孩子学会保护自己 /115

教养贴士 *每个孩子都是一个独立的生命，都有自己的生命能量，更有自己的成长轨迹。我们应该相信孩子有能力去面对，也有能力去解决自己的事情。*

有意识地锻炼孩子的胆量 /120

教养贴士 *孩子的胆量，除了跟自身性格等天生很难改变的因素有关外，*

更多是跟后天的锻炼相关。

引导孩子学会分享 /124

教养贴士 分享是一种能力。引导孩子学会分享，其实也是在训练孩子的人际交往能力，更是培养孩子社会性的一个重要方面。

学会和老师有效沟通，父母才能走出焦虑 /128

教养贴士 孩子在成长过程中可能会遭遇不公正的对待，这是孩子社会化过程中必然要自己面对的。家长要学会适当放手，引导孩子自己面对和想办法解决。一旦孩子的适应能力得到锻炼，他的心理承受能力和免疫能力也会随之提高。

家长要学会"对抗"老师的负面影响 /133

教养贴士 如果遇到老师对自己的孩子有负面影响，家长一定要理性对待，充分信任自己的孩子，并正确引导孩子思考和判断，不要让孩子在心理上留下阴影。

送礼只是为了表达感谢 /137

教养贴士 天底下的老师从本质上来说都应该是好老师，否则就不配做老师。很多时候的送礼，其实都是家长送得心不甘、情不愿，而老师也是收得心不安、理不得。

不要让"生日礼物"成为负担 /142

教养贴士 家长和孩子不能本末倒置，不注重生日的本来意义，而是关注礼物的价值大小，最后演变成相互攀比，甚至乘机炫富。

PART 4　让孩子变成有能力的天使

让孩子学会管理时间 /150

教养贴士 孩子从幼儿园中班开始，就对时间慢慢有了感觉。这个时候，我们需要让孩子逐渐养成重视时间的良好习惯，培养他们自己管理时间的规则意识。

孩子"输得起"，才能"拼得赢" /156

教养贴士 孩子在年幼时经受一些失败，遇到一些挫折，拥有"输得起"
的心态，孩子的心理承受能力就会逐渐提高，面对失败的勇气
就会不断增强，应对逆境的经验就会日益丰富。

孩子玩电子游戏，宜疏不宜堵 /161

教养贴士 家长需要让孩子认识到还有很多比电子游戏更有意思的事情，
同时也要为孩子创造更多的机会去接触电子游戏以外的世界。

让孩子学会理财 /165

教养贴士 我们大可不必担心孩子过早接触大人眼中的"铜臭"，相反，
如果你不教孩子金钱的知识，将会有其他人取代你来教育孩
子的。

小心呵护孩子的童心 /170

教养贴士 圣诞老人的秘密多保留一天，在孩子的心中就会多一份期许。
对于孩子来说，多一份期盼就是多一份希望，多一份梦想，更
多一份童真。

用心记录也是一种爱 /176

教养贴士 用心记录可爱宝贝的快乐之事，进步之悦，成长之旅，凝聚着
老师和家长共同的关爱之心。健康、快乐、幸福的童年，是从
最好的沟通开始。

PART 5　家长多一些爱的智慧，孩子少一些成长的羁绊

家长控制好零食，孩子才不会挑食 /186

教养贴士 孩子挑食的原因，除了孩子自身的生理特征和吃饭习惯以外，
大多数情况都跟吃过多零食有关。家长要引导孩子拒绝零食的
诱惑。

别让父母的"面子"，伤害孩子的"里子" /191

教养贴士 如果父母不顾及孩子的"里子"，仅仅为了自己的"面子"，将很可能导致父母的"面子"和孩子的"里子"两败俱伤。

父母有童心，才能保护孩子的想象力和创造力 /196

教养贴士 父母在教育孩子的过程中，只有始终保持一颗童心，能够经常从孩子的视角出发看待儿童世界中的很多东西，才能保护好孩子的想象力和创造力。

让我们"笑着"教育孩子 /202

教养贴士 在和孩子打交道的过程中，孩子最乐意接受的沟通方式，就是有趣的、好玩的、搞笑的沟通方式。

倾听孩子的内心，父母要耐心 /206

教养贴士 小孩子一点都不能敷衍，时时刻刻要放在心上，稍微有点怠慢，孩子那颗敏感的心就会受到伤害。

设立"珍珠时刻"，守护孩子的幸福感 /212

教养贴士 我们既然养育了孩子，就应该给他幸福感。有幸福感的孩子，才可以拥有自信和安全感，才可以成长得更为优秀，更能找到属于自己的幸福。

亲子阅读，重在亲子 /217

教养贴士 亲子阅读是一种享受。无论何时何地，父母都要认真地与孩子共读，放弃功利的读书目的。在这段亲子旅程上，孩子可以自由地伸展想象的翅膀，父母可以尽情地享受亲子的乐趣。

隔代教养，观念不一怎么办 /222

教养贴士 隔代教养孩子，并不意味着父母就可以当甩手掌柜。对于子女的教育，父母的责任才是第一位的，更是责无旁贷的。

好爸爸是培养出来的 /227

教养贴士 老公和孩子一样，大多数是需要培养的。因此，妈妈需要引导爸爸参与育儿，改变爸爸的观念，让爸爸体验育儿的快乐。

不要给孩子强加"兴趣" /232

教养贴士 很多家长让孩子上兴趣班，不是希望真正培养孩子的爱好和特长，而是希望孩子掌握更多独门绝技。这其实是一个误区。

幼小衔接，家长更需要智慧 /238

教养贴士 孩子在学前阶段，到底该不该提早学习小学课程？家长既担心孩子输在所谓的"起跑线上"，又担心孩子因提前学习，结果上小学后，对所学内容丧失学习的兴趣和动力。

后记：养育孩子，我们真的需要靠"悟" /243

推荐序一
童年是幸福的起点

朱永新（中国教育学会副会长）

有的父母把教育孩子当成纯粹的责任和义务，有的父母却把教育孩子当成自己人生的一种乐趣和享受。前者往往更多感受到枯燥甚至焦躁，而享受教育的父母，却通常能演绎教育的精彩。小平显然是后者。

现在，越来越多的父母不信任体制内的教育，采取了"教育自救"的办法，组织起来自己教孩子。小平也大体属于这类人。他拥有博士学历、擅长学术研究，却能放下研究的"架子"，以拉家常的口气娓娓道来，分享自己的育儿心得和体会；也能突破理论的束缚，从日常生活的一点一滴之中教育和引导孩子的一言一行，从自己养育孩子的亲身经历中总结和提炼自己的育儿经验。

严格地说，这是一本亲子共同成长的手记。通过这本书，一个称职的好父亲形象跃然纸上。通过文字，我看到了一个享受教育、演绎教育精彩的年轻爸爸，甚至看到了一个心态阳光、童心未泯的"70后大男孩"。当然，我更看到了一个6岁孩子，在爸爸的一路陪伴和悉心呵护下，身心是如此健康，童年是那么快乐。同样作为父亲的我，透过本书的字里行间，切实地感受到了那份浓浓的父女之情，犹如一杯香浓的咖啡，弥久醇香。

现在，大多数年轻人在成为父母之后，几乎就没有自我成长的动力了。很多父母觉得，自己在职场上打拼已经够累了，回到家里还要做家务，根本没有精力和时间陪伴孩子一起成长。而这样做，恰恰又使得孩子无法在童年快乐成长。

一个好的教育，一定是父母与孩子一起成长的教育。在我们的新教育实验学校里，有一个真实动人的故事。有个孩子的爸爸是企业家，工作非常忙，很少在晚上 11 点之前回家。因为孩子所在的学校参加了新教育实验，老师要求每天晚上进行亲子共读。为了共同完成这个作业，爸爸开始试着减少应酬，讲故事给孩子听。一段时间之后，孩子各方面的进步都非常明显。看到了孩子的进步，爸爸也深受激励，并且，他在亲子共读中体会到了重回童年的乐趣和自身成长的幸福。从此他即使应酬再多，也会保证每天晚上 8 点钟回家。他们父子共同坚持，到现在已经 5 年，一起共读了 165 本书。

其实对每个人来说，人生有四个重要的场所：母亲的子宫、家庭、教室、职场。人在母亲的子宫里通过母亲感受外部世界，离开母体后则通过家庭与世界交流，通过教室来接受教育的熏染，通过职场的拼搏来完成自我。可以看出，在任何阶段，家庭都是人生永远离不开的一个场所，它不仅是最温馨的港湾，同时也是人生最重要的加油站。人生从这里出发，终将回到这里。因此，家庭教育的重要性不言而喻。

父母作为孩子的第一任老师，也是孩子的终身老师。然而，没有任

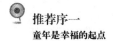
何人天生就会做父母。我们都知道，要考驾照才能开车，做父母比开车要复杂很多倍，却不需要任何"证"就可以上岗。因此，父母是最容易犯错的老师。一旦父母在教育孩子的过程中"走弯路"，孩子的人生就很可能有更多的弯路要走。正如有人曾经说过的那样：如果父母不教育孩子，孩子就会变坏；但是，如果父母用错误的方式教育孩子，孩子就会变得更坏。对于父母来说，要进入童年的"神秘之宫"，就必须在某种程度上变成一个孩子。只有这样，孩子们才不会把父母当成一个偶然闯进他们那个童话世界之门的人。

我曾经说过，童年的秘密远远没有被发现。儿童早期的教育对于人来说究竟意味着什么，我们还不完全清楚。但是有一点是肯定的，儿童的家庭教育会影响一个人的一生。无论是俗话说的"三岁看大，七岁看老"；还是托尔斯泰曾说的，孩子自出生到 5 岁，在智慧、情感、意志和性格诸方面从周围世界中摄取的，是他 5 岁之后所摄取的许多倍。这些，无一不在说明家庭教育的重要性，更说明了家庭教育对孩子幼年的意义。

看得出来，小平的这部作品花了很多心思。单从书名来看，似乎仅适合幼儿园的父母阅读。但如果通读全书就会发现，其实很多内容都跟整个幼儿阶段相关，也完全适合婴幼儿父母阅读，还适合幼教工作者参考。通观全书，我们发现，小平没有太多高深的理论，却有很多精辟独到的理念和独辟蹊径的见解，同时提供了很多具体的方法和有效的措施。书中文章看似独立成篇，却有一根主线贯穿始终。我想，正是因为小平具有多年教育行业工作经历，所以他对教育的理解才会如此深刻，对教育的感悟才会如此精彩。

　　一位复旦大学的博士，为了让自己的女儿快乐成长，在事业和孩子这个两难选择面前，果断地把父亲这个角色放在首位；为了更多孩子的快乐成长，毅然放弃企业的高管职位和不菲的年薪收入，全心投入到儿童教育和家庭教育研究及培训领域。在当今这个主要比拼物质财富的时代，这样的选择确实需要勇气，需要胆略，更需要智慧。

　　我欣然为本书提笔作序，希望热爱教育的父母们越来越多。也相信本书能让更多年轻父母从中受益，获取教育的智慧，借鉴育儿的经验。如果父母能够学习和成长，就能让更多孩子度过快乐的童年，拥抱幸福的人生。

推荐序二
做懂孩子的父母

林怡（著名早教专家，亲子畅销书作家）

任何关系都无法与亲子关系比肩。对孩子的成长影响最深远的，永远是父母。父母才是孩子心灵最好的"饲养员"。父母的角色当好了，其他人对孩子的不良影响便可以被淡化，甚至被抵消，孩子就可以从父母这里得到滋养，成长得更好。

通读付老师这本书，既让我看到了一位足智多谋的好爸爸，面对任何育儿问题，他都能迎刃而解；也让我看到了一个灵气活现的乖宝贝，在爸爸妈妈爱的滋养下，她一直在快乐成长。我想这样的养育效果，是很多年轻父母孜孜以求的，但得来这些，并非"全不费功夫"。

南宋诗人陆游曾告诫自己的儿子："汝果欲学诗，功夫在诗外。"养育孩子，何尝不是如此。作为一名多年从事早教行业的专业人士，我接触过不计其数的父母，不乏用心良苦的家长，但像付老师这样了解孩子、尊重孩子的父母并不多见。

孩子要上幼儿园吗？孩子被欺负怎么办？孩子不午睡怎么办？该如何与老师有效沟通？给老师送礼要跟风吗？……这些都是孩子上幼儿园

时，让很多父母非常困惑，甚至纠结的问题。

这本书跟很多育儿书的不同之处在于，针对的家长主要是幼儿家长。内容极具实用性和操作性，对学龄前这个特定年龄段的养育问题进行深入剖析，对幼儿阶段的孩子可能出现的各种问题做了详细归纳，通过生动活泼、真实可靠的案例，进行客观全面、细致入微的分析和解答。

懂孩子，让孩子成为孩子，协助他成长，才是为人父母最重要的职责。只有了解孩子的心，我们才能给孩子最有智慧的爱，在育儿的路上，我们才能走得气定神闲。如果不了解孩子的心，我们往往看到的是孩子的"问题"。而当我们纠结于这些"问题"时，我们自然就容易把孩子当成负担甚至是累赘，也不可能享受陪伴和养育孩子的乐趣。

细细品味付老师总结的教育理念和分享的育儿经验，我们就会发现：那些在很多父母眼里的难题，似乎不再那么棘手；那些在很多父母心中的困惑，仿佛不再那么混沌；那些在养育之路上所遭遇过的挫败感，完全可以转化为一种成就感；那些曾令我们束手无策的"捣蛋鬼"，可能一夜之间就会变成人见人爱的"天使"。

其中的诀窍就在于，我们自己是否成长为一个懂孩子的父母。只有我们懂得"孩子的那些事儿"，孩子才会真正"懂我们的事"。

要做到真正懂孩子，我们就要将孩子视为成长的主体，尊重孩子的自身发展规律和特点，跟随他的视线和脚步，协助他、陪伴他慢慢前行。这就需要父母善于学习育儿知识，敢于突破传统教育观念，愿意和孩子一起成长。

同时，我也是一位曾经悉心陪伴孩子走过幼年的母亲，深知父亲在

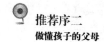
养育孩子过程中的角色没有人能够替代。但在快节奏、高强度的工作重压之下，很多爸爸废寝忘食地投入工作，把工作忙作为借口，心安理得地当起了"甩手掌柜"，对孩子不管不问、不理不睬。

而付老师作为一位博士爸爸，为了陪伴女儿的成长，暂时远离喧嚣，抵御物质诱惑，需要莫大的勇气和魄力。正如付老师在后记中所说："事业错过，可以重来；孩子错过，无法弥补！"孩子的成长过程是不可逆的，父母一旦错过，等待我们的除了遗憾，还是遗憾。

我希望能有更多的年轻父母，在事业和孩子不可兼得的情况下，保持一份清醒和理智，"有所为有所不为"。当孩子的成长状态越来越好，我们一定会感到欣慰！

推荐序三
让孩子拥有一个高质量的幼儿时代

陈忻（美国康涅狄格大学儿童心理学博士）

　　一年多前，我在朋友的撺掇下终于开了微博，但微博上的信息良莠不齐，有些育儿理念似是而非，禁不起推敲；有些育儿理念又常常矫枉过正，从一个极端走向另一个极端。

　　有一次，我在无意中看到付老师的一条微博："在教育观念上，总有人喜欢走极端：一提到给孩子快乐，就认为应该什么都不学，岂不知玩中学才会乐学；一提到无条件爱孩子，就认为应该百依百顺，岂不知有管教才是真爱；一提到让孩子自由成长，就认为应该放任自流，岂不知有规则才有自由；一提到培养独立性，就认为应该撒手不管，岂不知有引导才能自立。"

　　作为两个孩子的妈妈，我深以为然，心中窃喜，终于找到一个对育儿理念有着客观辩证认识的人啦。经常阅读他的微博和博客文章，我最后发现付老师确实是一个理性而又务实的教育人。而在有些话题上，我自己刚好也写过一些文章，就把我的文章给付老师看，他也很喜欢和认可。由此，我们逐渐成为很好的朋友，经常讨论和交流，互相都有启发，

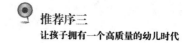
彼此都有收获。

　　毋庸置疑，幼儿时代的环境和教养，对一个人的未来有着深刻的影响。而父母和孩子之间的互动，就是一个很重要的影响因素，并且没有任何人能够替代。付老师为了更好地陪伴女儿走过幼儿时代，辞去高薪但很繁忙的工作，让女儿拥有一个高质量的低幼童年。通读本书，我们会感受到伊伊童年的幸福、身心成长的健康。而付老师自己，也通过这段亲子教育经历，将所学的教育理论和养育实践相结合，对教育理论有了更深的领悟。他还将这些感悟和经验集结成书，与更多父母分享。

　　作为儿童心理学博士，我深知儿童发展有一定的共性，但在孩子发展过程中，他们的个体差异也起到很大作用。亲子是父母和孩子之间的互动，受到孩子和父母双方的各种因素的影响，所以是一个动态的过程。正如付老师在后记中所说，没有一个人能写出一本适用于每个家庭的、放之四海皆准的"育儿说明书"。我也希望父母不要把这本书纯粹当成"育儿宝典"完全照搬和盲目套用，而是在这本书的启发下去探索适合自己孩子的教育方法。

　　在这本书里，付老师对孩子幼儿时期存在的许多现象，很多父母经常遇到的问题和疑虑，阐述了他的看法和在女儿身上的实践。值得我们去学习的是他中肯辩证的见解。我们在思考、吸收了这些见解并充分了解和观察自己的孩子以后，再去寻找自己的对策，针对自己孩子的特点灵活运用书中提到的一些方法。

　　因为我有两个个性迥异的孩子，所以我知道，里面讲到的具体办法，对伊伊适用，但如果我全盘照搬，用在我的两个孩子身上，有一些方法未必一定有效。我会根据两个孩子的特点，从书中吸取一些合适的方法，再灵活采用另一些自己的方法。但是，整本书里体现的理念是辩证而客观的，完全可以用来指导养育孩子的方向。在保证大方向的前提下，我们可以不断根据孩子的特点和年龄来调整小办法，以达到针对自己孩子最有效的效果。

孩子的发展有一定的规律，也需要一定的时间逐步展开。可以说，儿童的发展是身心、环境等各种因素互相交织、互相影响的持续过程。所以父母需要有耐心，充满爱心和童心，陪伴孩子走过他们的幼儿时代，顺利进入学龄时期。

PART 1
为孩子进幼儿园做准备

　　幼儿园的学习和生活对每个人一生的影响都是非常深刻的，我们终生受用的做人的道理、处事的准则和生活的习惯等，都是可以在幼儿园里学到的。

　　幼儿园是孩子们迈入的第一个小社会，不可避免地会遇到各种适应难题。我们能做的就是陪孩子迈好入园第一步。

幼儿园是孩子人生第一堂社会课

"我女儿 3 岁了，是一个活泼可爱的小姑娘，学东西很快，做事也很投入，也喜欢和其他小朋友一块玩。可是自从上了幼儿园，孩子就像变了一个人，这几天早上一送她去幼儿园就哭，怎么劝都不肯去，孩子一定要上幼儿园吗？"

这是一位妈妈发给我的微博私信。其实，这个问题不止困扰着她一个人，很多幼儿园适龄儿童的家长都面临过这样的抉择。我的一位朋友从国外归来，她为孩子是否上幼儿园做了整整一年的准备工作，还做了详细的笔记，最后她得出结论："幼儿园对孩子的教育，是家庭无法替代的。"这也是我一直坚持的看法。

有些家长认为，自己也可以提供孩子良好的成长环境，不仅能教孩子很多知识，还能给孩子更多的陪伴。况且，近来有关幼儿园的负面

报道层出不穷，幼儿园老师虐待儿童、体罚学生的恶性事件，屡禁不止；更不要说不称职的老师、不安全的食物和不靠谱的教学情况了。

但是做家长的要明白，我们不可能陪伴孩子一辈子，也不可能保护孩子一辈子。孩子终有一天会走向社会、融入社会，成长为一个独立的人，不仅要独自面对很多困难和挫折，而且还必须通过自己的力量去克服困难、战胜挫折。培养孩子具有这样的能力，这应该是我们能够给予孩子的最深沉的爱了。幼儿园是孩子成长的转折期，是第一次脱离父母的怀抱，进入一个具有社会性的团体中生活。这样的生活对孩子的影响，往往会超出家长的想象。

1978 年，75 位诺贝尔奖获得者在巴黎聚会。人们对诺贝尔奖获得者非常崇敬，有记者问一位诺贝尔奖获得者："您在哪所大学、哪个实验室学到了您认为最重要的东西呢？"

这位白发苍苍的获奖者回答："是在幼儿园。"提问者愣住了，又问："您在幼儿园学到些什么呢？"获奖者耐心地回答："把自己的东西分一半给小伙伴；不是自己的东西不要拿；东西要放整齐；吃饭前要洗手；做错了事情要表示歉意；午饭后要休息；要仔细观察周围的大自然。从根本上说，我学到的全部东西就是这些。"

这段话是耐人寻味的。由此可见，**幼儿园的学习和生活对每个人一生的影响都是非常深刻的。**

也许有家长会说，这一切我们也可以给予孩子。我们也可以培养孩子的社会性，比如为他们找到同龄的玩伴，带他们去各地旅行；我们也可以为孩子营造一个教育同盟军的环境。但是，在一所成百或上千人的幼儿园，孩子能够接触到的同学和老师将是形形色色的，能够触碰到的环境和氛围也是丰富多彩的。这是家长在家里永远无法给孩子的。

家长要知道，**我们培养的是人，而不是宠物**。如果总是把幼小的孩子与这个社会隔离，尽可能减少社会对他们的影响和伤害，虽然我们的本意是好的，但是，他们长大后就有可能不知如何面对这个真实的社会，甚至严重缺乏心理免疫能力。

很多挫折需要孩子自己去经历，很多问题需要孩子自己去解决，很多能力需要孩子自己去历练。要做到这些，我们就必须让孩子从小接触真实的生活环境，而不是把孩子隔绝在一个真空环境中，而幼儿园就是孩子们的第一个小社会。

而为了避免这段生活给孩子带来一生的负面影响，孩子入园前，家长一定要慎重选择幼儿园；入园后，家长首先要做的是自我调整与适应。

伊伊刚上幼儿园的时候，我妻子特别纠结。经历了最初一周的兴奋之后，接下来的一周左右，送伊伊去幼儿园，很多时候都是一路伴随着她的哭声。到了幼儿园门口，伊伊就紧紧抱着妈妈问："妈妈，你是不是不要宝贝了，你能带我回家吗？"每逢这个时候，妻子难以控制自己的情绪，总是与孩子泪眼相望。殊不知这更加强化了孩子的分离焦虑。更糟糕的是，没过多久，伊伊在幼儿园生了一场病。这让心疼孩子的妻子多次与我讨论，想让孩子回家。我告诉她，据我了解，几乎每个孩子都会在幼儿园小班的时候生几场病。即使是很健康、不易生病的孩子，在刚进幼儿园的适应阶段，抵抗力和免疫力也会下降。我建议她给

伊伊一段时间，相信伊伊一定可以适应幼儿园；同时也提醒她一定要传递给孩子正能量，尽量避免所有可能引起孩子畏惧幼儿园的行为。

看到我的态度这么坚决，妻子也就不再提及这个话题。她开始自我调整，并每天记录孩子的表现。过了一段时间，她惊喜地发现伊伊适应得很快，有时已经能够开心地去幼儿园了，而且家里来了陌生的客人，也不再扭扭捏捏地不敢打招呼，变得越来越勇敢了，有时候还会迫不及待地给客人讲讲幼儿园的事情、背背幼儿园老师教的儿歌。虽然这期间还伴随着伊伊在幼儿园的各种不适应，但是妻子逐渐打消了让伊伊退学回家的念头。我告诉她，现在的孩子，从出生以来，家里几乎所有人都是围着他转的。到了幼儿园，处境会截然不同，几十个孩子，一般只有两三个老师负责照顾。没有一个孩子是特殊的，也没有一个老师会只围着一个孩子转。这个过程，就会让孩子逐渐明白，这个世界并非他想象的那样，也没有一个人是至高无上的，更不是到处都有人会一直把他捧在手里。只要让孩子明白这个道理，上幼儿园的其中一个重要目的也就达到了。

和大部分孩子一样，伊伊一个月左右就基本上适应了幼儿园的生活。有时候生点儿小病，我们建议她在家休息，她还不肯呢，因为在她眼中，幼儿园有很多好朋友，有疼爱她的老师，还有各种有趣的游戏。她从一个放学时眼泪汪汪等着妈妈接的小可怜儿，变成了一个直到离园的铃声响起，才恋恋不舍走出幼儿园的快乐孩子。

幼儿阶段是培养孩子习惯和人格的关键时期，一旦错过就难以弥

补。很多习惯当然在家也可以培养，但幼儿园的环境毕竟跟家里完全两样。3年的幼儿园生活，让伊伊拥有了很多良好的习惯，尤其培养了伊伊的社会性，培养了她的人际交往能力和团队协作能力。通过跟老师和小朋友相处，伊伊逐渐对这个真实的社会和世界有更多的了解和认识，还学会了如何与人打交道、如何保护自己、如何过集体生活，为升入小学阶段做好了准备。

　　自诩几乎看遍所有有关幼儿教育图书的妻子，有一次感慨地对我说，幼儿园的老师在教育孩子方面掌握的专业知识和积累的教学经验，一般来说还是远远超过大多数家长。并且，老师在孩子心目中的地位比家长高，老师的一句话胜过家长的十句话。有时候她拿伊伊的坏毛病无可奈何，请老师帮忙说一下，伊伊就会立刻改正。我开玩笑地说："之前你担心女儿上幼儿园就是受折磨，现在幼儿园老师反而成了你教育孩子的同盟军。"

教养贴士 上幼儿园是孩子接触社会的第一步，不可避免地会遇到各种适应难题。其实这是孩子的一次脱敏过程，经历过这些事情，孩子就会不断变得从容。

陪孩子迈好入园第一步

"爸爸，幼儿园真的很好玩吗？""老师是不是也像外公那样，很凶啊！""别的小朋友会不会欺负我呀？"……

在上幼儿园之前，伊伊就开始对幼儿园的生活很好奇，总喜欢了解幼儿园里的很多事，也经常向我问起幼儿园的各种各样的问题。在她那憧憬和期盼的眼神里，伴随着的还有恐惧和不安。

每年9月，3岁左右的孩子们都将告别家长的全天陪护，迎来幼儿园生活。很多家长，第一次面对孩子入园，内心也都比较焦虑和恐惧，很早就开始紧锣密鼓地张罗孩子入园这点事儿。

有的父母甚至会很苦恼："孩子要上幼儿园，我们应该怎么做才能让孩子顺利度过适应期？"

确实，孩子进入幼儿园是出生后第一次长时间与亲人分离，在情绪上一定会有恐惧、伤心，甚至会出现"分离焦虑"。通常情况，在刚入园的那几天，孩子是容易哭闹的，特别是每天在幼儿园里与家长分别的一刹那。更有甚者，从家里出门时就开始哭闹或者干脆拒绝入园。因此，父母可以提前对孩子进行一些引导，尽可能减少孩子的入园恐惧和焦虑。

伊伊快 3 岁的时候，有一天让我和妈妈陪她一起玩老鹰抓小鸡的游戏。这个游戏是她小时候最喜欢玩的游戏。那一次，我们玩得很开心，一起跌倒在草地上。伊伊突然问我们："爸爸妈妈，你们可以每天都陪我玩这个游戏吗？"

我突然意识到这是一个很好的机会。我就这样回答她："爸爸妈妈愿意跟伊伊一起玩，可是如果有很多小朋友跟你一起玩这个游戏，你是不是觉得更有意思呢？"

"那肯定会更开心的呀！"伊伊想了想，笑着回答。

"今年 9 月份，你就可以上幼儿园啦，那里会有很多小朋友一起玩游戏。不仅可以玩这个游戏，还可以玩其他好玩的游戏呢。到时候你就可以回家教爸爸妈妈很多新鲜玩意儿了。"

"啊，幼儿园原来这么好玩！"

虽然这只是一次简短的对话，但**"幼儿园好玩"这个印象已经慢慢渗透在了伊伊的心里。**

入园之前，我们还可以通过多种方式，让孩子提前了解幼儿园的学习和生活，逐步引导孩子对幼儿园产生向往之情。伊伊两岁多的时候，外婆就常常带她到家附近的幼儿园外面玩耍。这个幼儿园也是她 3

岁后将要上的幼儿园，让她看大姐姐、大哥哥们做操和游戏。不知不觉中，她已经觉得上幼儿园真有意思，并憧憬自己也能早点儿上幼儿园。除此之外，家长还可以多跟孩子一起阅读关于上幼儿园的绘本，适当看一些相关的动画片等。

家长切忌对孩子采用与上学有关的吓唬或威胁的语言和行为。 我们从来不会跟伊伊说类似"你要听话，否则幼儿园老师会教训你的"，"你这么调皮呀，看以后老师怎么收拾你"等恐吓孩子的话。

因此，在伊伊入园的第一天，她是很激动和兴奋的。一整天她都没有哭，因为她要急着去寻找那些我们平时跟她介绍过的幼儿园里有意思的事。虽然后面几天她也偶尔不适应，但还算是比较快地适应了幼儿园的学习和生活。

大多数孩子在入园最初的那段时间都会有哭闹、不适应的现象，很多家长因为担心就会这样问宝宝："今天在幼儿园表现如何啊？乖不乖啊？有没有小朋友欺负你啊？"其实，这无疑增加了孩子的心理压力，让孩子产生紧迫感和恐惧感，让孩子觉得幼儿园比较可怕，甚至产生不愿上幼儿园的想法。

我们可以多跟孩子聊聊幼儿园里面发生的那些比较有趣的事情，帮助孩子减轻心理压力。

伊伊虽然前面几天没有哭闹，但是几天后已经有不愿去幼儿园的念头了。我就经常跟她聊天："宝贝，还记得昨天幼儿园里发生了哪些好玩的事情吗？""今天，老师可能又有新的游戏要教给你们哟！"这样就可以帮助孩子回忆起在幼儿园里的快乐，并期待新的一天。

当伊伊回家提到那些有意思的游戏时，我就用羡慕的语气对伊伊说："真好玩，爸爸也想上幼儿园，你同意我陪你一起去吗？"伊伊听了，哈哈大笑："爸爸，大人是不能上幼儿园的。等我学会了这些本领，回来教你好不好？"通过这种方式，她早已忘掉幼儿园里那些不如意的事情，第二天又开开心心地去上幼儿园了。

我们还要细心观察宝宝，当发现宝宝入园后有了进步，就要及时表扬。例如：孩子能自己拿杯子喝水了、如厕时能自己脱裤子了、会自己把东西放整齐，等等，要适当地给予赞扬和鼓励。

家长可以这样告诉孩子："宝宝真厉害！现在自己能拿杯子喝水了，不用爸爸妈妈帮忙了，相信在幼儿园里一定是老师的好帮手。"这就可以让孩子对自己在幼儿园的表现产生成就感，进而增加自信。

据我观察，在孩子入园问题上，有些父母其实比孩子还要焦虑，比如老是会想，孩子在幼儿园会不会吃不饱、会不会被欺负、老师会不会惩罚孩子……

因此，一些家长一方面拼了老命为孩子挑选条件最好的幼儿园，希望孩子能够喜欢上学；另一方面也想方设法给老师送礼，希望老师能更多照顾自己的孩子。

在孩子入园这个问题上，家长首先要调整好自己的情绪，才能帮助孩子舒缓情绪。孩子总有一天会离开我们，需要自己独立，而上幼儿园是走出独立的第一步，是让孩子去接触社会的第一步。

当然一般情况下都不可避免地会遇到各种困难和问题，比如初到幼儿园会生病，但家长大可不必太担心，其实这是孩子的一次脱敏过

程。经历了这些事情，他以后再面对新的环境，无论从身体上或者精神上都能够更从容、更适应。

和很多家长一样，第一次把孩子送到陌生的环境，没有专人照顾，我心里也会有不放心的地方。但是我一直告诫自己，孩子总有一天是要步入社会的，在家里，孩子以为所有人都会围着她，都会让着她。但上幼儿园后，孩子就会明白，很多事情是需要自己面对和解决的，爸爸妈妈不可能一直陪着她。

在做好对孩子的引导和调整好自己的情绪后，我们就会发现，孩子比我们想象的要成长得更快、做得更好，孩子的适应能力其实是很强的。最多一个月，孩子就能适应幼儿园生活，融入幼儿园生活，不超过一个学期就会喜欢上自己的幼儿园生活了。

让孩子爱上幼儿园，其实真的并不难！

全托，不要轻易送孩子上

去年 8 月份，距离开学不到一个月时，一位很好的朋友来我家里聊天，问我可不可以把孩子送进全托幼儿园。

我问他，这么小的孩子，为什么要让他与父母早早分离，成天住在学校呢？朋友跟我说，那个幼儿园非常好，但离家很远。而他们的工作又比较忙，每天接送不太现实。

不经意间，他还跟我提到，因为家里是三代同堂，老人非常溺爱孩子。就拿吃饭来说，孩子是一定要喂才肯吃，否则宁愿饿着也不肯自己动手吃。老人往往因为心疼小孩而无条件妥协。他希望能通过全托来纠正孩子已经养成的一些不良习惯。并且，他还觉得全托能更系统地帮助孩子养成良好的习惯。

"全托，太可怕了！"伊伊妈妈当时恰好也在场，赶紧接过话茬，

"我小时候就是全托，那日子可真是煎熬呀！我以前也是在全市最好的幼儿园上的全托，可是那段经历，现在回想起来都非常可怕！"

伊伊妈妈是从幼儿园小班就开始全托的，因为她的父母工作比较忙，没有人能按时接送，也没有人能全心照顾她的生活，所以就把她全托给幼儿园，周五或周六去接，周日晚上再送回学校。

根据她的回忆，全托的小朋友在幼儿园的一周一般分为三部曲：

周一、周二是在伤心中度过。每个小朋友基本都是哭着到幼儿园的。她现在还能记得，当爸妈送她去幼儿园的时候，自己拉着学校铁门不愿松手、不愿进幼儿园的场景。她还记得晚上睡觉时，幼儿园橘红色的灯光和老师们走动的身影，她常常把这些想象成妖魔鬼怪而导致失眠。

周三、周四是在煎熬中度过。因为想家、想父母，缺乏安全感，孩子们聚在一起最喜欢讲的故事是恐怖故事。至今她还能回忆起，她们讲的隔壁疗养院是专门整死人的恐怖故事。我跟她开玩笑，你们不像天真无邪的小朋友，简直就是一群恐怖分子嘛。

周五、周六是在期待中度过。她说，有些父母会周五来接孩子，有些则会等到周六。每个家长来到幼儿园，对孩子们来说都是一种安慰，意味着他们的父母也快来了。他们一看到有家长来，就会成群结队地拍着小巴掌，跳跃着大声喊："××的妈妈来了。"这个时候就是小朋友们最快乐的时光。

听完后，我有种毛骨悚然的感觉，并跟她开玩笑说，这个感觉真有点儿像坐牢嘛，幸好我的童年不是这样。她幽幽地长叹一口气说："可不是，很多人都说小朋友是不长记性的。可我全托那两年，高兴的事基本都不记得了，但那些恐怖故事和恐怖场景，我至今还记忆犹新呢！"

所以想把孩子送全托的家长一定要想好，如果是因为工作忙而希望幼儿园帮您照顾好孩子，家长自己的确可以省不少心，却极有可能给孩子留下一个梦魇般的童年。

如果是觉得全托可以更好地培养孩子的独立能力，帮孩子养成良好的习惯，那么我想告诉您的是，**从全托制度的本意来说，它并不是出于促进孩子身心健康发展的角度来考虑的**，更多是为了满足部分年轻父母的需要。

送孩子上全托的弊端是不可避免的，幼儿园毕竟不像家里，人手有限，老师难以充分照顾到每一个孩子的生理和心理需求。这将会影响到孩子的身体、语言及情感等身心方面的发展。

而从心理的发展来说，3~6岁的孩子独立思考和判断的能力尚不完全具备，他们不明白什么是忙，也不会明白家长忙工作是为了什么。很多孩子甚至还会认为，这是爸爸妈妈不爱自己的表现，从而产生一种被抛弃的心理，在亲情上也会产生疏离感。如果孩子产生这种心理，就不利于建立孩子的安全感，更不利于形成良好的亲子关系。

从性格的形成来说，孩子的成长是通过与家庭、幼儿园及社会环境的互动完成的。上全托的孩子，大部分时间都是与幼儿园的小朋友和老师一起度过的，跟家庭及社会环境的接触相对就很少。虽然可以培养孩子的独立性和自理能力，但大多数时候都是被硬逼出来的。

其实，对于孩子来说，**上的幼儿园是不是最好的并不重要，最重**

要的是让他们每天都感受到父母那深深的爱和浓浓的情。如果没有这份关爱、缺少这份亲情，孩子就会缺乏安全感，甚至有被抛弃的感觉。这也不利于形成安全依附的人格形态。

无条件的爱和与父母的亲密互动，对孩子来说，是每天的必需品。良好习惯和健全人格，都需要建立在关爱和交流的基础上，更需要依赖良好的亲子关系。我们不能为了让孩子上一所好的幼儿园，就将孩子"无情"地丢在幼儿园。

最后，我给那位朋友的建议是，不管这个幼儿园有多好，都不要把孩子送去全托，千万要慎重。后来，那位朋友听从了我的建议，就在家附近找了一所民办幼儿园，班上十几个小朋友一起上学。现在孩子每天都能回家跟父母相聚。我听说那里的老师对孩子很好，孩子很喜欢上幼儿园。

如果家长不是万不得已，在幼儿园阶段甚至是小学阶段，都不要轻易让孩子在学校住读。虽然孩子周末都能回家与父母团聚，但一周一次的见面，对于成长中的儿童来说，是远远不够的。

对于这个年龄段的孩子来说，跟父母之间的亲子时光，再多都不算过分。当孩子的心理需求没有得到满足的时候，他们的心灵就很可能会受到伤害。而有些伤害，会给孩子带来一生的阴影，可能成为孩子人生中永远无法抹去却又不愿触碰的禁区。

如果家长不得不送孩子上全托，那么我们一定要给孩子留出充分的适应时间，让孩子逐步过渡。家长也一定要多抽空去幼儿园看看孩子，并在每个周末接他回家，让他感到父母仍然时刻在关心自己，不至于产生被抛弃的错觉。在上全托之前，我们要多跟孩子聊聊，为什么爸爸妈妈送他去上全托，并明确告诉他不是因为他不乖，而是我们的无奈之举，这样可以帮爸爸妈妈分担困难。只要我们消除孩子的错觉、做通孩子的工作，孩子也能减少焦虑和恐慌情绪。

选对老师，比挑选幼儿园更重要

一位博友在网上给我留言："听很多家长说，上了好的幼儿园才能上好的小学，上了好的小学才能上好的中学，将来才有可能考上好的大学。所以在给孩子选择幼儿园时我始终犹豫不决。"

这样的困惑，相信能引起很多幼儿家长的共鸣。很多现实也确实印证了这个逻辑的正确性和合理性。于是孩子们从幼儿园就开始了"拼爹"之旅，有权势的赶紧递条子，有关系的急忙托关系，有实力的立马买学区房。

幼儿园是孩子正式就读的第一所学校，也是孩子第一次长时间与家人分离、需要独自面对的一个陌生环境。幼儿园对孩子一生的影响将是巨大的。

正因如此，家长非常重视幼儿园的选择，能读最好的幼儿园，即使挤破头也要送孩子进去。

我记得 3 年前，离入园还有大半年的时间，当时跟伊伊一起玩的很多小朋友的家长就开始互相打听，准备送孩子去哪所幼儿园。

我们家住在上海市郊的一个新小区，对口的幼儿园恰恰就是一所刚创办不久的二类公办幼儿园。很多家长为此非常焦虑，不放心把孩子送到这样一个初创的幼儿园，于是纷纷动用关系把孩子弄到示范幼儿园或一级园。

看着其他家长开始动手，家里人也按捺不住了，纷纷向我施压，要想办法送伊伊去好一点儿的幼儿园就读，以免耽误她的前程。

凭我的人脉，要找一所一级以上的幼儿园，应该不成问题。但考虑到孩子的接送，我还是劝家人："为了孩子，也许我们该上好的幼儿园。但是为了让全家人不要在接送上面耗费太多精力，不妨先让她上一段时间再说。至少这个幼儿园的硬件设施还是不错的。"

在孩子正式进入这所幼儿园一个月以后，我就为当初的决定感到庆幸了。一是通过一段时间的观察，尤其是开完第一次家长会之后，我们全家一致认为幼儿园的老师都很不错，把孩子送进去我们很放心；二是跟其他择园的家长交流之后，感觉他们都对孩子的接送问题特别发愁，同时聊下来也没有发现幼儿园之间有多么大的差异。

伊伊在幼儿园一直很喜欢班上的两位老师，甚至还对保育员阿姨很亲近，亲切地称呼她们"妈妈老师"。这几位老师对孩子都很有爱心和耐心，班上的小朋友也都很喜欢。而幼儿园的发展态势确实也很好，园长去年还获得了上海市一级的表彰，听说今年正在积极申报一级幼儿

园，并得到地方政府的大力支持。

现在，伊伊的幼儿园生活即将结束。回过头看，当初的选择是理智的，也是正确的。我们省去了接送的很多麻烦，孩子也遇到了非常喜欢的老师。

如果家长有条件为孩子选择一所非常好的幼儿园并且不存在接送的麻烦问题，当然是非常理想的一件事。但是我想说的是，**一所好的幼儿园，并非所有老师都尽职尽责；一所一般的幼儿园，也有很多好老师会对孩子尽心尽力**。所以我觉得，家长不必为孩子的入园问题搞得心力交瘁，综合考虑诸多因素，为孩子选择一所最适合的幼儿园。

大多数家长择园的依据就是幼儿园的等级。以上海幼儿园为例，等级分为四类：排名第一的是示范园，其次是一类园，再者是二类园，最后是三类园。一般刚开办的幼儿园经审核后，就是三类幼儿园了。等级是由有关专家来评定，满分为 100 分，一般达到 85 分，就可评定为二类幼儿园；达到 90 分，就可评定为一类幼儿园。

除此之外，还有一些细节可作为家长择园时参考：

首先，硬件条件要达标。要有宽敞的幼儿活动场所，这样才不至于把孩子每天都关在房间里面，这个年龄阶段的孩子是最活泼好动的。看幼儿园硬件的时候，要先看幼儿园的操场，看是否有各种适合小朋友运动的器械、有没有安全的跑道等。

幼儿园的装饰设计，要从孩子的角度出发，让孩子每天走进去都能心情愉快。各种用具也要从孩子的角度出发，方便孩子们使用。

幼儿园还要重视安全，有专门的保卫措施，有全方位的摄像；如果有上下楼梯，楼梯棱角都应包裹。

其次，办学理念要与自己的教育理念相符。在入学前，可以到幼儿园的网站进行查看，了解幼儿园的特点和办学理念，也能比较出这所幼儿园和其他幼儿园的优势劣势。

而且在入园前，幼儿园一般会搞一些亲子活动，让家长对幼儿园有更多了解和认识。在亲子活动中，家长一定要用心倾听园长和老师们的讲话，作为是否与自己理念相符更进一步的依据。

再次，上学距离要适中。对于孩子和家长来说，舟车劳顿是非常辛苦的。所以，离家远近也是我们选择幼儿园的重要参考因素。如果就近入学的幼儿园还不错，就没有必要舍近求远。

伊伊的幼儿园就在我们所住小区附近，走路10分钟左右即可到达，非常方便。在她上中班的时候，有好几个当初择园的小朋友从其他幼儿园转了回来，主要原因就是路途遥远，既折磨孩子，又折磨大人。

最后，如果可能，可以帮孩子挑选一位好老师。一般情况下，在孩子入园的时候，幼儿园老师都会进行家访。在家访的时候，我们可以多跟老师聊聊，在沟通过程中仔细观察老师，也能初步判断这个老师的情况。

两年前，伊伊所在的幼儿园，征求家长对老师的意见，希望家长写出对幼儿园老师的要求。我当时站在家长的角度，写了三个方面的要

求，希望幼儿园老师具有爱心、耐心和童心。现在想来，我觉得这"三心"，应该是幼儿教师这个职业的最基本要求。

家长与其费尽心机给孩子选择幼儿园，倒不如花些心思帮孩子选择一位好老师。一位具有"三心"的好老师，相信对孩子们来说，影响将会伴随一生。

生活能自理，是孩子走向独立的起点

幼儿园，是孩子迈入的第一个小社会。在这里，宝宝们都将告别家长无微不至的全天候关照，独自面对一个陌生的环境，很多事情都需要靠自己。因此，如果孩子们都能在入园之前逐步学会独立，具备基本的生活自理能力，那么无疑会给孩子进入幼儿园的学习和生活扫清一些障碍，铺平一些道路。孩子们储备一些本领、掌握一些技能，他们就可以减少一些紧张、消除一些恐惧，同时拥有一份自信。

生活能自理，正是孩子走向独立的起点。其实，在孩子成长的每一个阶段，他们都需要学会靠自己去解决那些可以自理的事情。如果孩子在本该自理的各个阶段，却没有掌握这个阶段的生活自理的基本技能，或者在思想上总是依赖大人，那么，他们就不可能真正走向独立。

然而，现实生活中，总有那么一些孩子做什么事情都喜欢依赖大

人，吃饭要大人喂才肯吃，上厕所也要大人帮忙脱裤子，洗脸刷牙、穿衣服全部都要大人帮忙才能搞定。甚至还有部分已经上幼儿园的孩子，在幼儿园里面吃饭、穿衣、上厕所等都能自己做。可是回到家里，却偏要大人帮忙才行。

那么，对于马上就要上幼儿园的孩子，我们究竟该怎样去培养他的独立性和生活自理能力呢？

从两岁开始，让孩子养成自己的事情自己做的好习惯

两岁左右，孩子就开始出现独立意识。这个阶段，孩子会把自己想要的表达出来，还希望那些东西永远都是自己的，他们的口头禅就是"我"、"我的"、"我要"。当然，他们的生活技能、运动技能和语言能力等已经有了明显提高，已经可以开始自己吃饭，尝试自己穿衣等。这个时候就是逐渐培养孩子独立性，增强孩子生活自理能力的最佳时机。

孩子如果没有在幼儿阶段养成生活自理的习惯，越到后面就越难自立。从两岁以后，在每一个成长阶段，孩子都有自己的成长任务，在日常生活中都有自己能够独立完成的一些事情。

比如，一个两岁半左右的孩子，可以自己吃饭、自己背书包、自己整理玩具等等；3 岁多到 4 岁左右的孩子，可以自己洗脸刷牙、自己洗澡、自己上厕所、自己整理衣服和床、自己清洗盘子等等；6 岁左右即将进入小学的孩子，可以自己整理书包、自己做一些简单的食物、自己叠被子和衣服等等。

让孩子养成自己的事情自己做的习惯，我们可以从让孩子学会自

己收拾玩具这件小事开始。当孩子每次玩过一些需要收拾和整理的玩具后，父母可以跟孩子一起玩"比比谁最快"的游戏，让孩子慢慢学会自己收拾玩具。

比如孩子玩了一段时间的积木玩具，想换另外一个玩具玩，这时就是父母和孩子一起玩这个游戏的最佳时机。父母先告诉孩子每次玩好玩具，都需要自己收拾和整理自己的玩具，然后就跟孩子一起比赛看看"谁最快"。当父母说"开始"后，父母就和孩子一起动手收拾和整理玩具。为了鼓励孩子的积极性，父母可以稍微放慢速度，让孩子有领先的机会。

等所有玩具收拾好后，父母多给孩子一些鼓励和肯定。如果是第一次收拾自己的玩具，还可以告诉孩子今后要学会收拾自己的玩具，每次玩完玩具后都需要放回原处。

让孩子学会为自己负责，培养孩子的独立意识

父母确实应该无条件地爱孩子，但是这种爱，绝不是大包大揽，更不是帮孩子做出他需要做出的每一个决定。孩子的人生只能是自己做主，任何大人都永远无法代替。否则，他的人生将留下很多遗憾，甚至会是残缺的。

凡是孩子自己能够做主的事情，大人可以帮助他，但是最后决定权在孩子自己。遇到困难，我们可以多鼓励他，试试看自己可不可以想办法；如果实在想不到办法，我们可以帮忙提供几个办法，供孩子自己思考和选择。

等到孩子尝试过后，如果还是需要大人的帮助，就让他指挥大人该如何帮助。通过这种方式，孩子一直在思考，同时也会明白，这件事情始终是他自己的事情，而不是家长的事情，他需要对自己的事情负责。

鼓励孩子的独立行为，让孩子在试错中增强自理能力

其实，孩子的很多事情，从两三岁开始就逐渐可以自己学会完成了，比如穿衣脱衣、系鞋带、洗澡、吃饭、擦屁股、背书包等等。但是，由于孩子在刚开始学习做每一件事的时候，总是会做得不尽如人意，甚至把事情搞砸，比如自己吃饭的时候搞得满地都是饭，自己擦屁股的时候总是擦得不干净，所以很多父母干脆就自己动手帮孩子全部搞定，觉得这样自己更省心。殊不知，这样做却剥夺了孩子自我成长的机会。

没有人天生就会自己做事，孩子的很多生活自理能力都是在一次又一次的尝试和试错中学会的。正如每一个人学会走路都需要经历无数次摔倒一样，生活中的每一项技能都需要经过多次练习才能熟练掌握。如果父母缺少对孩子的信任，没有对孩子的宽容，我们就没有理由责怪自己的孩子长大后什么都不会做。

创造更多机会，让孩子体验独立做事的成就感

培养孩子的独立性和生活自理能力，父母也不能急于求成。我们需要先给孩子一些力所能及的事情，创造条件和机会让孩子比较轻松地

完成，既可以让孩子逐渐积累一些自信心，又能让孩子体验到独立做事的成就感。一旦孩子感受到自我的能量，他们在下一次的独立行动中就会有更大的动力，收获更多的成就感。

为了增强孩子的自主性，让孩子体验独立做事的成就感，我们可以利用每一次外出旅行的机会，让孩子学会自己收拾行李。在出发之前，我们要鼓励孩子自己动手收拾自己的行李箱，收拾过程中，父母不需要动手，仅仅在一旁观察即可，对于第一次收拾，父母可以告诉孩子一些方法和步骤。

先让孩子列出自己需要携带的物品清单，比如衣服裤子、内衣内裤、裙子、袜子、泳衣泳帽、游泳眼镜、洗漱用品、鞋子、绘本或故事书等等；把这些需要携带的物品分门别类地整理好，摆放在床上或地板上；然后打开自己的儿童行李箱，先把比较重而且抗压的物品放到行李箱底部，比如书、拖鞋等，再把各种衣服等较为轻便的东西放在上面，并将衣服装在衣袋或塑料袋里面；最上面一层放一些小东西或不能抗压的物品，比如装在塑料袋里的洗漱用品、IPAD等。

收拾完行李后，我们要多给孩子一些鼓励和肯定，让孩子找到成就感。如果是第一次收拾自己的行李，还可以跟孩子一起回顾整个过程，让孩子今后学会独自收拾自己的行李箱。

让孩子提前适应幼儿园的作息

很多孩子在入园初期，容易出现哭闹、不愿上幼儿园等入园不适应的问题。导致这个问题的原因有很多，其中有一个往往不太被家长重视的原因，那就是孩子不适应幼儿园的作息时间。

比如，入园前孩子晚上喜欢玩儿，每天都睡得很晚，早上睡到自然醒，而入园后就需要每天固定时间起床，如果还按照以前的作息时间就会出现上学经常迟到的问题；或者是入园前孩子没有养成午睡的习惯，而入园后每天中午都有两三个小时的午睡时间，如果孩子在幼儿园睡不着，而老师又要求每个孩子都躺在床上不能乱动，在这个时间段，孩子就会过得非常煎熬。

如果孩子在晚上的睡眠时间没有得到保证，同时又在幼儿园里面不愿午睡，那么孩子的精神状态就不会很好，甚至容易出现焦躁不安的情绪。更为关键的是，充足的睡眠是健康体魄的基础。在《关键教养报告》一书中，作者提出"每天少睡一小时等于铅中毒"。国外有研究表明，在1岁半到3岁之间，孩子每天需要11到13个小时的睡眠；从4岁到12岁，每天需要10个小时左右的睡眠。

为了确保孩子的充足睡眠和身心健康，我们需要在入园之前就让孩子养成好好睡觉、作息时间规律的好习惯，最终让孩子以饱满的精神状态迎接进入幼儿园后每一天的学习和生活。

那么，对于马上就要上幼儿园的孩子，我们究竟该怎样让孩子养成良好的睡觉习惯、提前适应幼儿园的作息呢？

循序渐进，让孩子养成独立睡觉的习惯

如果孩子能够独立睡觉，既可以培养其独立性，又可以确保自己的睡眠不受大人的干扰。这样的睡眠状态，就可以保证良好的睡眠质量和充足的睡眠时间。

究竟从什么时候开始训练孩子独立睡觉比较好，这个问题没有标准答案。其实，让孩子独立睡觉的标准主要不是看年龄，而是看孩子的性格特征、情绪发育、独立性、对父母的依恋程度等等。

一般来说，当孩子很小的时候可以让孩子与大人睡一个房间，分床睡。当孩子3岁左右时，就可以尝试让孩子自己睡觉，但需要循序渐进，最好有些过渡的措施，比如事先跟孩子商量好，大人先陪睡一会儿

或者讲几个睡前故事再离开。把房间重新布置得更加温馨或者买一张漂亮的新床。最为关键的是，要让孩子意识到，即使跟大人分开睡，仍然能感受到爸爸妈妈的关爱。

当孩子尝试独自一个人睡在自己的房间时，父母可以告诉孩子如果大人离开后自己无法入睡或半夜醒来，不要马上就到大人房间寻求安抚，而是需要自己学会安抚自己。当孩子一个人躺在床上感觉无聊或者害怕的时候，可以通过数绵羊"一只绵羊、两只绵羊……"的方式打发这段时光。大一点的孩子可以从"一"连续数下去，如果孩子能数的数字还不多，就让孩子重复数数，直到自己进入梦乡。

作息规律，养成早睡早起的良好习惯

尚未入园以及幼儿园阶段的孩子，没有什么学习压力，我们需要尽可能保证他们的睡眠时间至少在每天 10 小时以上，让他们的生理能量始终保持富余。这就需要培养孩子良好的睡眠习惯，形成早睡早起的生活规律。

对于即将入园或已经上幼儿园的孩子来说，除了白天的时间以外，孩子晚上的其他活动也要妥善安排。比如外出玩耍的时间不要太久，玩游戏和看电视的时间需要控制，弹钢琴、画画、阅读等活动也要安排紧凑。否则也会导致孩子无法按时睡觉。

有些孩子没有养成早睡的习惯，也跟父母的作息规律有关。出于工作或者娱乐的需要，部分父母喜欢晚睡，甚至成为"夜猫子"。孩子耳濡目染父母的睡觉习惯，久而久之也容易养成晚睡的习惯。因此，父

母要和孩子一起养成早睡的习惯，即使父母工作很忙，也要等到孩子入睡以后再忙。

提前演练，让孩子适应幼儿园的作息

孩子的作息时间和生活规律，一定程度上会影响孩子的情绪和精神状态。幼儿园的作息时间和生活规律，跟在家有相当大的不同，孩子在家形成的生物钟可能很难适应幼儿园的学习和生活。我们完全可以利用暑假两个月的时间提前演练，帮助孩子制定科学合理的作息时间，让孩子提前感受幼儿园的作息时间和生活规律，尽快将自己的生物钟调整到上幼儿园的生活规律。

孩子的生物钟一旦逐渐调整到位，我们就不要轻易扰乱。这就需要在整个假期保持正常的生活规律，在家的作息时间可以参照以后上学的作息时间，按时睡觉、按时起床，中午需要午睡。

减少睡前活动，让孩子上床前完成所有例行任务

睡前一小时左右，我们就要让孩子减少睡前活动，尤其是一些容易引起孩子亢奋的活动，尽可能在入睡前 30 到 60 分钟就让孩子待在自己睡觉的房间。睡前至少提前 1 小时，就让孩子关掉所有电子产品，比如电视、电脑、PAD 等等。

上床之前，要让孩子完成每天在睡前的所有例行任务，包括吃晚餐、喝牛奶、洗澡（脸）、刷牙、换尿布等等。最好是每天晚上在相对固定的时间内，按照一定的程序完成这些跟睡觉无关的事情。接下来，

就可以享受睡前和爸爸妈妈一起亲密互动的"珍珠时刻"了。

让孩子知道睡前需要自己完成的例行任务，明白睡前的固定程序，让孩子逐渐适应一个人独立睡觉。我们可以跟孩子一起玩模拟睡觉的亲子游戏。

游戏之前，事先告诉孩子即将举行一个模拟睡觉游戏，让孩子提前做好相关准备。首先，大人和孩子假装天色已经很晚了，我们需要进行睡前准备了，可以让孩子说说他在准备睡觉之前一般都会做些什么事情。接下来告诉孩子，要记得每天刷牙，并现场教孩子如何刷好牙。然后告诉孩子如何洗脸、洗手或者洗澡，并让孩子立即演示给大人看。

接着，告诉孩子换上自己的睡衣，准备上床睡觉。大人再把垫子和毛毯放在地板上，让孩子静静地躺下或坐在他的"床"上，爸爸或妈妈给他读一个睡前故事。读完后，关上窗帘和灯光，让孩子"假装睡觉"。大约 15 分钟以后（根据孩子的年龄），收起窗帘或打开灯光，告诉孩子"天亮了"。最后，让孩子起床，并折叠好垫子和毛毯，脱掉睡衣、穿上衣服，然后假装"去上学"或"出去玩"。

让孩子明白，夜晚是用来睡觉的

有些孩子，晚上经常为了睡觉这件事跟父母吵闹，比如不停地爬下床、偷偷地溜出房间、总是找到各种不睡的借口等等。最后，孩子又哭又闹，父母又气又累。如果每天晚上这种情形持续一个小时或以上，说明孩子的生物钟还没有走到睡觉时间这个点上，孩子根本不能入睡。

要解决这个问题，我们就要让孩子明白，躺在床上的时间就是睡觉时间，夜晚是用来睡觉的，不是用来玩耍的。如果孩子很晚才睡、日夜颠倒，我们可以采取以下几个方面的措施来进行调整。

1）控制白天的睡眠时间，在孩子起床后和第一次小睡之间，让他有足够的清醒时间；

2）早上不能起床太晚，到点就要叫醒孩子，让他按时起床；

3）逐渐把每天晚上睡觉的时间前移，让孩子的生物钟慢慢调整到早睡早起的规律上来；

4）孩子半夜清醒的时间不能太长，没有特殊情况，不要允许孩子半夜起来开灯玩耍或做其他事情，即使暂时睡不着，也要让孩子躺在床上。

父母的入园焦虑，究竟如何破解

每到入园季，一说起上幼儿园这个话题，大多数父母往往都不容易淡定，一定会担心一大堆问题。比如，宝贝刚上幼儿园的时候会不会撕心裂肺地哭闹？如果孩子每天回家都吵着不愿去幼儿园，咋办？孩子在幼儿园里会不会好好吃饭，能不能乖乖睡觉？孩子万一尿裤子了、拉在身上粑粑了，怎么办？孩子被别的小朋友欺负了，怎么办？幼儿园老师会不会虐待自己的宝贝……

即使孩子已经上了一段时间幼儿园，你还是会有操不完的心。比如，老师经常反映孩子坐不住，上课的时候孩子东跑西跑、不守规矩。大小节日，要不要给老师送礼。假如孩子在幼儿园里受到了不公平的对待，又该如何跟老师有效沟通。每天早上起床，孩子老是喜欢磨蹭。很多在幼儿园能自己搞定的事情，孩子回到家总要大人帮忙，等等。

据我观察，第一次面对孩子入园时，很多父母其实比孩子还要焦虑。确实，孩子进入幼儿园是出生后第一次与亲人的长时间分离，父母多多少少都会提心吊胆、诚惶诚恐，生怕自己的孩子在幼儿园里过得不开心。

当然，你可能更有这样的困惑：我应该怎么做，才能减轻自己的焦虑和不安，以免把这种不良情绪传递给孩子呢？

调适自己的情绪，信任自己的孩子

在孩子入园这个问题上，家长首先要调整好自己的情绪，才能减轻自己的焦虑。孩子总有一天会离开我们，需要自己独立，上幼儿园恰恰就是孩子独立的第一步，也是让孩子去接触社会的第一步。

当然，一般来说，孩子们都不可避免地会遇到这样那样的困难和问题，比如送到幼儿园门口就哭，初到幼儿园会生病，但我们大可不必太担心，其实这就是孩子的一次脱敏过程。经历了这些事情，他以后再面对新的环境，无论从身体上或者精神上都能够更从容、更适应。

和很多父母一样，第一次把孩子送到陌生的环境，没有专人照顾，我心里也会有不放心的地方。但是我就一直告诫自己，孩子总有一天是要步入社会的，在家里，孩子以为所有人都会围着他，都会让着他。但上幼儿园后，孩子就会慢慢地明白，很多事情是需要自己面对和解决的，爸爸妈妈不可能一直陪着他。

在做好对孩子的引导和调整好自己的情绪后，我们就会发现，孩子比我们想象的要成长得更快、做得更好，孩子的适应能力其实是很强的。最多一个月，孩子就能适应幼儿园的生活，融入幼儿园这个集体，不超一个学期就会喜欢上幼儿园了。

家长提前转变角色，调整好自己的作息

当孩子正式进入幼儿园以后，家长的角色就会发生很大变化。如果我们能够提前对这个角色有更多认识，逐渐从小宝宝的家长转变为幼儿园孩子的家长的角色，那么我们就能给到孩子更多的信心和支持，就有可能让孩子的入园之路走得更加顺畅和从容。

首先，需要清楚认识自己的角色。我们可以不断给自己心理暗示，告诉自己即将成为一名幼儿园孩子的家长了，从而让我们的言行举止发生一些变化。同时，还可以从过来人那里，主动获取相关的信息和相应的经验教训等，比如主动向那些孩子已经上幼儿园的亲朋好友和邻居进行咨询和请教，了解他们作为幼儿园孩子家长的心理感受、入园初期需要注意哪些事情等等，从而获得各类教育问题的处理经验。

其次，尽量调整好自己的生活节奏和作息时间，为孩子入园做好充分准备。当孩子入园后，每天的作息要有序、有规律，如用餐、学习、休息都应安排在相对固定的时间。因此，我们也需要和孩子一起，根据幼儿园生活学习的作息时间，制定一份新的家庭作息时间表。最重要的是，我们需要以身作则，带头按新的作息时间安排自己的生活，给孩子树立一个良好的榜样。从而减少孩子入园不适应的问题，自然也就

可以缓解我们自己的焦虑和不安。

对幼儿园了解得越多，你就越放心

孩子入园之前或初期，如果家长对幼儿园的教育理念、每天的生活作息、老师的情况以及相关的幼教常识缺乏了解，就有可能对幼儿园和老师不太信任，甚至还可能产生不必要的误会。当你对幼儿园了解得越多，其实你就会越放心。

大致可以通过以下几种途径，更多地近距离了解幼儿园。

首先，利用家访机会，与老师近距离接触。所有的幼儿园在新生分班工作完成之后，一般在暑假都会安排各班老师开展有序的家访工作。老师亲自上门走访，会与每个孩子和家长进行第一次的近距离接触，了解孩子的成长情况、性格特点和兴趣爱好，了解孩子的成长环境和父母的教养方式，也会向家长介绍幼儿园的基本情况和班级幼教保育工作的开展计划。通过这种面对面、一对一的近距离接触，其实就可以减少家长和孩子对幼儿园和老师的陌生感，增进家园之间的互相了解，打消家长的很多顾虑，并缓解家长的焦虑情绪。

其次，利用新生家长会，与幼儿园近距离接触。新生报名之后，幼儿园就会组织所有新生家长参加全园范围的、一般由园长亲自主持、精心准备的新生家长会。这样，就可以让家长从整体上了解幼儿教育的特点和趋势、幼儿园的教育理念和特色，进一步了解孩子刚入园时分离焦虑产生的原因以及家长的正确应对措施，让家长更快地从紧张和恐惧的情绪中走出来，并与幼儿园和老师一道帮助孩子尽快适应幼儿园。

最后，利用亲子活动的机会，与孩子的幼儿园生活近距离接触。新生入园初期，很多幼儿园都会设计和开展各种丰富多彩的亲子活动，这就是近距离了解孩子幼儿园生活学习的大好机会。家长和孩子在轻松愉悦的气氛中，一起做做游戏、动动手脚，玩一玩各种各样的玩具，听一听老师和风细雨般的讲课等等。这不仅让孩子能体验到幼儿园集体生活的乐趣，家长也可以感受到幼儿园其乐融融的快乐氛围，感受到幼儿园老师亲切和蔼的态度，认识到幼儿园教育与家庭教育的不同，同时看到孩子在幼儿园里的成长和进步。这样一来，我们就会减少很多不必要的担心和顾虑，也就会对孩子和老师更加放心。

PART 2
父母的改变决定孩子的能力

　　没有人天生就会做父母。一旦父母在教育孩子的过程中走很多的弯路，孩子的人生就可能会有更多的弯路要走。

　　好父母绝不是速成的，都是在不断学习、勇于改变、自我成长中磨炼出来的。只有父母不断成长，才能真正了解孩子的内心，才能帮助孩子的成长。父母成长一小步，孩子的人生就会跨越一大步。

教养贴士 大部分孩子入园初期之所以出现哭闹的情况，一个重要原因就是还没有学会一个人独处，从未体验过孤独的滋味，不愿意跟细心照顾他的爸爸妈妈或家里老人分开。为了尽可能避免或减少孩子入园哭闹的现象，我们应该从小就给孩子创造更多的独处机会。

孩子一上学就哭，家长怎么办

每到 9 月份，每一所幼儿园的门口都会上演一出"大合唱"。哭声此起彼伏，这个孩子哭完，那个孩子接着哭，哭得送孩子入园的家长既心烦又心疼。这场"约定好的闹剧"，总是让家长们手足无措，往往使出浑身解数也止不住宝宝们那撕心裂肺的哭闹。

孩子上幼儿园哭闹的原因有很多，但刚入园的孩子出现哭闹，通常是分离焦虑所致。幼儿园是孩子人生中接触的第一个陌生环境，当孩子离开熟悉的人或环境时，会产生强烈的焦虑、不安或不愉快的情绪反应，这种行为表现在心理学上被称为"分离焦虑"。除了少数不怕陌生人，适应能力较强的孩子之外，大多数的孩子入园初期，或多或少都会出现分离焦虑，表现出不同程度的哭闹现象。

那么，怎样帮助孩子尽快适应幼儿园、不再出现哭闹呢？

创设一个独立自主的成长空间，让孩子学会独处

大部分孩子入园初期之所以出现哭闹的情况，一个重要原因就是还没有学会一个人独处，从未体验过孤独的滋味，不愿意跟细心照顾他的爸爸妈妈或家里老人分开。为了尽可能避免或减少孩子入园哭闹的现象，我们应该从小就给孩子创造更多的独处机会。

对于即将入园或者已经上幼儿园的孩子来说，我们需要在家为他创设一个独立自主的成长空间。比如，给孩子搭建一个他喜欢的儿童帐篷，就可以让孩子拥有属于自己的私密空间，为孩子创造"我的地盘我做主"的成长机会，让孩子慢慢适应一个人独处，逐渐培养孩子的自主性和独立意识。

我们需要告诉宝贝，这个小小的儿童帐篷就是专属于他的个人空间，未经他的许可，任何人都不能擅自闯入。每天可以给孩子安排半个小时到一个小时的独处时间，让孩子一个人在自己的地盘尽情玩耍，大人不做任何干预。天气不冷的时候，还可以鼓励孩子就在自己的私密空间里面独自睡个午觉，父母根据气温高低为孩子铺好软垫、盖好被子。

如果家里有了这样一个可供孩子独处的私密空间，妈妈们就大可不必担心分身乏术了。当妈妈需要做饭、打扫卫生的时候，就让孩子乖乖地去自己的小天地里面自由玩耍；当妈妈需要出门购物、与闺蜜约会的时候，就事先告诉孩子你将要去干什么、大概离开多久，建议他待在自己的小帐篷里一个人多玩一会儿。

家长首先要淡定，宝宝哭闹大多一个月

几乎每个孩子，刚上幼儿园的时候都会哭闹，大多数孩子最多持续一个月左右。我们不要太担心，这是一个适应过程，小孩子都会经历的。

往往是这样，第一天他会哭，第二天他还会哭，可是渐渐地，他发现哭也没有什么用了。于是，孩子就会自然而然地融入到幼儿园的集体生活中，然后去跟小朋友一起玩，听从老师的指令。最后他就会慢慢地发现，在幼儿园有很多乐趣，也就会变得越来越爱上幼儿园了。

所以，面对宝贝刚入园时撕心裂肺的哭闹，家长首先要淡定，不能自乱阵脚。我们要相信自己的孩子很快就能适应幼儿园，要明白哭闹只是暂时的。

同时，我们还要相信幼儿园的老师，他们一定能够想办法对付孩子的哭闹。毕竟幼儿园的老师都是比较专业的，他们懂得幼儿的心理，也有更好的办法来安抚孩子们那颗受伤的心灵。其实，幼儿园的老师对这种情况已经再熟悉不过了，每年9月份都会经历一轮。所以，他们是很有经验的，我们要相信他们的专业能力。当家长走后，老师们一定有办法让孩子停止哭泣。

我家大宝伊伊刚上幼儿园的时候，我妻子就特别纠结。经历了最初一周的兴奋之后，接下来的一周左右，送伊伊去幼儿园，很多时候都是一路伴随着她的哭声。到了幼儿园门口，伊伊就紧紧抱着妈妈问："妈妈，你是不是不要宝贝了，你能带我回家吗？"每逢这个时候，妻

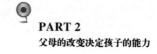

子难以控制自己的情绪，总是与孩子泪眼相望。殊不知这更加强化了孩子的分离焦虑。

这让心疼孩子的妻子，多次与我讨论，想让孩子回家。我建议她给伊伊一段时间，相信伊伊一定可以很快适应幼儿园，同时也提醒她一定要传递给孩子正能量，尽量避免所有可能引起孩子畏惧幼儿园的行为。看到我的态度这么坚决，妻子也就不再提及这个话题。她开始自我调整，并每天记录孩子的表现。过了一段时间，她惊喜地发现伊伊适应得很快，有时已经能够开心地去幼儿园了。

和大部分孩子一样，伊伊一个月左右就基本上适应了幼儿园的生活。有时候生点儿小病，我们建议她在家休息，她还不肯呢，因为在她眼中，幼儿园有很多好朋友，有疼爱她的老师，还有各种有趣的游戏。她从一个放学时眼泪汪汪等着妈妈接的小可怜儿，变成了一个一直到离园的铃声响起，才恋恋不舍地走出幼儿园的快乐孩子。

送孩子入园时，家长一定要"狠心"

孩子一到幼儿园门口就哭闹，很多时候都是在抗拒，他们希望通过哭闹这种惯用的"伎俩"来达到逃避上幼儿园的目的。这种时候，送孩子入园的家长，态度一定要坚决。尤其是妈妈，不要一面对孩子撕心裂肺的哭闹，自己就开始忍不住抹眼泪，或者一直守在幼儿园门口恋恋不舍，从而加重孩子的焦虑情绪。

那么，正确的做法是什么呢？

首先，在孩子哭闹时，家长不要表现得太紧张，而是要让孩子知道，哭闹也是达不到目的的。每个孩子到了上幼儿园这个阶段，每天就必须要去幼儿园，就像爸爸妈妈每天都要去上班一样。如果坚持这样做，孩子就会逐渐形成一种心理暗示，接受每天都要上幼儿园的事实，慢慢就不再通过大哭大闹来跟家长抗争。

其次，不论孩子如何哭闹，送到幼儿园门口，我们都要坚决与孩子告别说再见，告诉宝贝爸爸妈妈要上班去了，不要一直驻足停留，更不要返回看望孩子，让孩子一步三回头地看着你。但是也要注意，家长千万不要因为害怕孩子哭闹就偷偷地溜走，这样的话反而会在孩子心里留下阴影，他们进了幼儿园就会一直担心和纳闷："爸爸妈妈怎么忽然就不见了？他们究竟去哪里了？"这样的做法，对孩子尽快适应幼儿园反而很不利。

此外，我还有一个能够减轻孩子分离焦虑的小妙招，分享给大家。入园第一天，父母可以先陪孩子与其他同伴一起在幼儿园门口玩耍半小时，等到孩子的情绪相对稳定和适应后，才让孩子进到幼儿园，大人再离开；第二天则减少到 20 分钟，直到孩子能完全适应为止。

与熟悉的人和物相伴，减轻分离焦虑

对于孩子来说，幼儿园是一个完全陌生的环境，所有的东西是陌生的，老师和同学也是陌生的，就连吃饭喝水的用具都是陌生的，这就很容易让宝贝们感到紧张和焦虑。因此，我们可以通过熟悉的人和物与孩子相伴，让孩子在幼儿园里减轻陌生感，克服入园初期的恐惧情绪。

首先，我们可以让孩子把一些平常在家使用的个人用品带到幼儿

园去，如自己的书包、水杯、毛巾、枕头和被子等，有了这些熟悉的东西相伴，就能给孩子一些心理安慰，增强孩子的安全感。

其次，我们可以为孩子准备一两件安慰物，比如宝贝最心爱的玩具，最喜欢的绒布玩偶，最爱看的绘本等，经过老师同意后带去幼儿园。然后告诉孩子，只要在幼儿园里想爸爸妈妈了，就去玩玩自己的玩具、抱抱自己的玩偶、读读自己的绘本。

最后，如果条件允许，就跟孩子的好朋友一起上同一家幼儿园。现在很多家长都会选择离家较近的幼儿园，如果自己小区有孩子也上这家幼儿园，那么就可以让孩子跟熟悉的小伙伴甚至是最好的好朋友一起去幼儿园。这样的话，孩子在幼儿里就多了一个伴儿，入园初期的分离焦虑也会减轻很多。

教养贴士 如果只是一点小感冒，没有咳嗽和发烧的迹象，精神状态很好、食欲也正常，这种情况下是可以坚持送孩子上幼儿园的。此外，一些非感染性慢性疾病，比如季节性哮喘、慢性气管炎等，孩子也是可以去上幼儿园的。

孩子生病了，要不要坚持上幼儿园

每逢开学季，是孩子最容易生病的季节，特别是那些刚上幼儿园的小朋友，可能还没完全适应幼儿园的生活，就突然生病了。孩子遭罪，家长倍受煎熬。那么，当孩子生病了，到底要不要坚持上幼儿园呢？

其实，这个问题需要分情况讨论，因人而异，因时、因地制宜。

如果只是一点小感冒，没有咳嗽和发烧的迹象，精神状态很好、食欲也正常，这种情况下是可以坚持送孩子上幼儿园的。此外，一些非感染性慢性疾病，比如季节性哮喘、慢性气管炎等，孩子也是可以去上幼儿园的。当然，孩子入园初期另当别论，只要生病了就尽可能不要去幼儿园，既方便去医院看病、在家按时吃药、保养身体，又可以避免把病传染给别的小朋友。

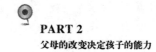

假如是以下这几种情况，就建议你不要坚持送孩子去上幼儿园了。

一是感染性疾病。常见的感染性疾病，有流行性感冒、水痘、湿疹、手足口病、肺炎等。由于幼儿园里的孩子很多，少则几十人，多则几百人，再加上这些疾病往往通过呼吸道和身体接触互相传染，所以孩子一旦得了这些传染性疾病，就一定要在家隔离治疗。

二是拉肚子。焦虑、恐惧、紧张等情绪，也很容易诱发幼儿腹泻。有时甚至还伴有发烧、厌食、呕吐等其他症状。这种情况，最好在家休息，等身体调理好了再去幼儿园。如果病情比较严重，就要及时就诊。

三是咳嗽、发烧。孩子感冒，通常都会出现咳嗽和发烧的症状，如果只是干咳或偶尔咳还好，一旦出现发烧、吐痰、呕吐等情况，我们就不能疏忽了，一定要让孩子在家好好休息，根据病情决定是否去医院看病。

四是长时间咳嗽。这很容易引发咽炎和肺炎，所以干脆就让孩子在家休息，方便我们随时观察病情，并采取相应的对策。

不管哪种情况，孩子病好后都需要再观察一下再去上幼儿园。孩子生病康复后，身体还很虚弱，我们千万不要急于送去幼儿园，一般来说，可在家先观察两三天或者一周左右再送幼儿园，以免二次发病。

孩子生病后，除了纠结要不要坚持送孩子上幼儿园，你可能更关心另外一个问题，我们究竟如何做，才能尽量避免孩子生病。

让孩子养成勤洗手、讲卫生的好习惯

有些孩子在上幼儿园之前，就没养成良好的卫生习惯。到幼儿园后，接触的人很多，摸到和碰到的东西都是很多人摸过或碰过的，同时在幼儿园的活动范围扩大，活动量也增加了不少，玩耍和游戏后，就容易沾染各种细菌。孩子如果不及时清洗，就很容易病从口入。

勤洗手、勤漱口，咳嗽喷嚏要捂住口鼻，这些良好的卫生习惯，可以有效避免的疾病交叉感染。

我们在家就要让孩子养成"饭前便后洗手"的好习惯，手是致病菌传播的重要途径。所以，勤洗手就是预防病菌传染的一项重要措施。你可以通过示范，教会孩子如何才能把自己的小手洗干净。

我们需要向孩子演示正确的洗手方法：

1. 用水淋湿双手；

2. 抹点洗手液或香皂；

3. 轻轻揉搓双手，手背、手心、指尖和指间都要清洗；

4. 用水冲洗小手；

5. 关上水龙头；

6. 用毛巾把小手擦干净。

演示完毕后，我们就要鼓励孩子，自己从头到尾按照上述步骤做一次，并观察孩子洗手的过程，如果孩子洗得不认真或不干净，要让孩子重新再来洗一次，直到孩子能够认真把小手洗干净。

鼓励孩子多参加户外活动，增强抵抗力

经常参加户外活动，可以使孩子获得充足的氧气和阳光照射，还可以促进孩子器官和肌肉生长发育，提升孩子的免疫力，增强孩子的抵

抗力。

大部分学龄前的孩子，都还没有达到可以参加有组织的运动项目的阶段，跟小伙伴们一起在户外活动、疯跑和游戏，对他们来说就已经足够了。因为这个阶段的孩子大都还无法专注地进行运动训练，也不能很好地接受挫折和失败，这些恰恰是正规运动训练的重要前提。

这个阶段，我们要经常带孩子到户外活动，鼓励孩子与同龄小伙伴一起"疯玩"，同样可以让孩子回归野性、展示力量、释放更多活动力。这一点对于男孩的成长来说，更为重要。

除了鼓励孩子跟小朋友一起活动外，我们也要经常陪孩子一起参加户外活动。比如，经常陪孩子一起散步或跑步，一次达到半小时至一小时；周末和节假日，经常陪孩子到周边的公园、植物园、动物园去玩；每年安排几次到周边旅游景点或国内外著名景区旅行，以自然景区为主；根据季节的不同，带孩子采采花、捉捉虫、种种树。除此以外，还有很多其他活动，我们可以根据自己孩子的情况进行选择。

教养贴士 当孩子很小的时候，我们就需要教会孩子判断自己身体中的重要部位，让孩子知道身体属于自己，身体的某些部分应被衣服所覆盖，不许别人看，更不许触摸。孩子有拒绝任何人触碰的权利。

怎样让孩子学会保护自己

当孩子生下来，我们就会考虑如何避免各种各样的危险，让孩子的成长之路更加平坦。作为社会人，我们无法生活在世外桃源，也不可能生活在真空环境之中。既然危险随时都可能靠近我们的孩子，那么，家长能做的就是尽可能帮助孩子排除风险，尽量教会孩子如何保护自己。当遇到一些危险时，让孩子学会正当的自我保护，教给孩子一些基本的防范常识和技巧，在生活中逐渐提高孩子的自我保护能力。

毕竟我们不可能保护孩子一辈子，与其成天为孩子的人身安全殚精竭虑，不如教孩子练就一身过硬的防范本领，戴上终生受用的"护身符"。当然，我们需要根据孩子的不同年龄段，选择合适的"护身符"。

那么，我们如何让孩子学会保护自己呢？

要认清男女有别，身体不能随便摸

一般来说，孩子到了三岁左右，就会对生命的由来产生极大的兴趣。经常会问妈妈是怎么生宝宝的，也很希望了解成熟男性和成熟女性的身体差异。当孩子问到这些敏感问题时，我们就需要坦然面对，同其他很好奇的问题一样正面回答。既可以通过相关绘本和图书，让孩子了解男性和女性的生理区别，也可以找准时机给孩子看父母洗澡的机会，让孩子直观地认识异性的身体，这样就可以让孩子从小就知道男女有别。

当孩子很小的时候，我们就需要教会孩子判断自己身体中的重要部位，让孩子知道身体属于自己，身体的某些部分应被衣服所覆盖，不许别人看，更不许触摸。孩子有拒绝任何人触碰的权利。

随着孩子慢慢长大，他们就会逐渐拥有自己的秘密，不会像小时候那样什么都跟家长说。由于学龄前孩子的独立判断能力不够，他们也不知道哪些秘密是必须跟家长说的。因此我们要告诉孩子，如果遇到了什么奇怪的事情，一定要回来告诉妈妈，不要把小秘密藏在自己心里。

然而，孩子从小到大的成长过程中，面对可能会碰到的各种性侵犯和性伤害，不少家长却总认为这个话题难以启齿，就会在孩子面前避而不谈，甚至还会觉得这种事情离自己的孩子比较远，或者还觉得孩子比较小，不宜过早让孩子接触这些成人眼中看来都很羞涩的东西。

究其原因，除了受到传统观念的束缚之外，主要还是我们对儿童性侵犯的认识不足，重视不够。

什么是儿童性侵犯？是指令孩子感到不舒服、不好的触摸和行为。

如下：

　　1.触摸孩子身体的隐私部位；2.让孩子触摸他／她的隐私部位；3.强暴孩子；4.给孩子看一些图画或电影里衣着暴露甚至不穿衣服的人；5.给孩子讲色情故事，或开有色情内容的玩笑。

　　如此多的潜在危害，似乎已经让父母觉得防不胜防。因此，从小就需要教会孩子保护自己的身体不被别人侵犯。

不要随便去别人家，不随便与陌生人接触

　　对于学龄前的孩子，我们需要尽可能让孩子在家长的视线范围内活动。如果孩子受到小伙伴的邀请，到小朋友家里面玩，也要告诉孩子需要得到我们的同意，尽量由家里人带着去小朋友去别人家里面玩。一旦孩子脱离家长的视野范围，我们就无法预知孩子会在别人家碰到什么样的人，也就不敢保证孩子不会受到不必要的伤害，当然更不排除受到性侵犯的可能。

　　对于我们不熟悉的任何人，家长无法保证其不会对孩子造成或多或少、或大或小的伤害。最好的办法就是教孩子不要随便跟陌生人接触，包括不跟陌生人走、不吃陌生人的食物、不给陌生人开门、不轻信陌生人的话等。

　　当然，在这个信息爆炸的年代，我们还需要关注网络给孩子带来的一些危害。一旦孩子掌握电脑、PAD等了解外界信息的超级工具，就会无师自通地去了解很多自己感兴趣的东西。而现在网上的信息，可谓五花八门、泥沙俱下，跟色情相关的内容和图片，只要通过搜索就很

容易找到。因此，我们需要约定每天上网的时长，并告诉孩子上网时哪些内容可以看、哪些内容禁止看，以免一些负面的东西占领孩子的精神高地。

敢于对别人说"不"，朋友需要学会选择

我们需要逐渐培养孩子明辨是非的能力和独立思考的能力。孰是孰非、谁对谁错，从小就给孩子评判和鉴别的机会，让孩子自己学会思考、学会辨别。当孩子遇到别人的不合理要求时，要教会孩子大声对别人说"不"，关键时刻可以向路人呼喊"救命"等。

对于已经上幼儿园的孩子，我们可以教孩子学会选择自己的朋友。比如，告诉孩子什么才是真正的朋友，如果带有功利目的的交往肯定不是真正的友谊；让孩子知道，我们需要从朋友身上吸取正能量，因而经常交往的朋友是需要学会选择的；更重要的是，让孩子具备判断是非的能力，学会鉴别益友和损友，形成自己为人处世的原则。

父母需要做的就是帮助孩子发现，人与人之间交往可能存在的风险或者问题，并引导孩子自己想办法面对和解决。因为，孩子终有一天会跟父母分离。不要等到分开的那一天，我们却发现，还没有教会孩子如何择友、如何跟人正常交往。

可以"骗"坏人，遇到危险要报警

对于幼儿阶段的孩子，他们的活动范围大大增加，独立生活的能力逐步提高，我们很难做到时时处处都看着孩子。我们要做的就是告诉

孩子，遇到困难可以寻求周围人的帮助，遇到危险可以请求别人伸出援手。当孩子学会寻求帮助后，关键时候总会有人乐于助人的，这给我们的救援会争取一个很好的时间差。

当遇到坏人时，虽然我们没有必要教孩子故意撒谎，但是对于那些作恶多端的坏人，出于自我保护和正当防卫，孩子们完全可以通过"欺骗"的方式让坏人无法得逞。我们可以告诉孩子，当他们遇到危险的时候，需要随机应变，可以这样告诉坏人："我爸爸是警察""我家就在附近""我会跆拳道"等等。通过这样的吓唬，有些胆小的坏人就会溜之大吉。

警察的职责就是保障所有人的安全。一旦我们遇到任何危险，都可以向警察求助。对于学龄前的孩子，如果有需要的话，我们可以给孩子配备一部手机或电话手表，只要具备拨打和接听电话的功能就行，告诉孩子遇到危险立即拨打报警电话或者家里大人的电话。当然，我们要让孩子平时记住报警电话号码、家里的电话号码、父母的手机等联系方式，这样就可以多方求援。

有管教才是真爱

我们教育伊伊要尊敬老人，无论自己的长辈，还是陌生的老人，见面要打招呼，态度要礼貌。但在家里，她偶尔会冲外公外婆发脾气，甚至做出一些无礼的举动。我们一旦发现，必然会批评或者惩罚她的。

伊伊3岁多的时候，曾经在家发生过对外公不礼貌的行为。有一天，因为外公没有给她做最想吃的菜，她就开始乱发脾气。她先是抱怨了一番，大家都没有理她，接着她用筷子指着外公，态度蛮横地说："你，快去给我拿肉松！"

虽然我们不知道这番举动，她是从何处学来的，但是这个行为已经触碰到了我们的底线——不允许对人不尊重。因为尊老爱幼是中华民族的传统美德，也是做人的一个重要原则。如果触碰到底线，我们的态度就一定会坚定。

于是，我让她先别吃饭，自己到房间里面去反省，等想好了再出来跟外公道歉。她哭哭啼啼地走进自己的房间，显得很委屈。外公也于心不忍，开始帮她说好话，觉得孩子还小，这也没什么大不了。

我和妻子都坚定地说不行，如果她用这种态度去对待别人，今后一定会吃大亏的。在我们的坚持下，没过多久，伊伊自己从房间走出来主动跟外公说了"对不起"，并乖乖地把饭吃完。

这个不礼貌的行为在我们看来，绝不是一个小问题，所以要想办法纠正孩子。

饭后，我们带她到外面玩，一路上我不断地问一些关于外公的话题。比如，让她描述外公每天在家做了哪些事情、每餐饭给我们做了多少道菜、外公拖地是否很干净等。

对于这些问题，她都一一如实作答，最后还突然冒出一句："啊，外公原来这么辛苦！"然后，我又问她："伊伊今后还会对任劳任怨的外公和外婆发脾气吗？"她斩钉截铁地回答："爸爸，我以后再也不对别人乱发脾气了！"

自从那次以后，我没有发现她再出现过类似情况。我也相信，通过那一次的经历，她已经从内心逐渐懂得尊重老人的道理了。

幼儿阶段，是孩子品格逐渐形成、习惯逐渐养成的最佳时期。如果父母没有在小时候把孩子管教好，终有一天就会把管教的机会留给别人。

我很赞成要无条件地爱孩子，但无条件不等于无界限，更不等于

无底线。爱得过度，就会变成溺爱；爱得不当，甚至会变成恨。无条件的爱绝不是溺爱，爱中有管教才是对孩子最大的爱。

父母在无条件地爱孩子的同时，需要对孩子进行适当的管教，尤其是在教育孩子做人方面下功夫。

首先，需要把握好管教的尺度。每个阶段的孩子，心理特点和发展规律是不同的。因此，我们管教孩子的尺度一定要把握好，针对不同的阶段、不同的孩子，因时、因地制宜。

幼儿阶段的孩子，缺乏足够的理解能力和判断能力，管教的要求和原则要适合孩子的身心发展特点。如果是孩子根本就无法认知和理解的东西，家长就要适度宽容。对于学龄阶段的儿童，孩子的生活发生了根本的变化，认知和思维也从"直觉思维期"进入到"具体运用期"，家长管教孩子的要求和原则要更容易被孩子理解和接受。

其次，采用恰当的管教方法。在管教孩子的方式中，有些家长惯用打或骂，因为这些方法不需要大脑思考，随时随地都可以实施。我主张对孩子要适当管教，但比较反对采用打骂这种最原始、最简单的方式，更不能容忍少数家长经常把孩子当作自己发泄的工具。管教的目的不是让孩子受苦或受累，而是让孩子体验做错事的后果。

其实，只要我们多动点脑筋，很容易找到一些更好的方法，既可以达到管教的目的，又可以避免对孩子造成更大的伤害。比如，当伊伊无理取闹或者犯了一些原则性的错误之后，我们会把她单独带到一个小房间，让她一个人好好待着自己反省，等她想通以后再出来认错。这一招我们用过多次，基本上都能达到管教的效果。

第三，管教孩子的时机要选对。大多数情况，是需要立即采取行动的，让孩子及时认识和改正错误。

但有些时候，我们也要注意给孩子留点面子，当着很多人的面不宜直接教训孩子，如果这样往往会适得其反，尤其是对于大一点的孩子。当场可以点到为止，等事后再跟孩子细谈，甚至采取必要的惩罚措施。

我的一个朋友，孩子刚上小学，父母就对孩子的学习抓得很紧，回到家就盯着孩子写作业或者看书，只要稍微出错，就是劈头盖脸一顿臭骂，不管家里有没有其他人在，都是如此。

上小学以前，这个孩子有很多好朋友。他们都喜欢到他家玩。可是现在，小伙伴们都纷纷疏远他，再也不愿意到他家玩。

后来，我趁机偷偷问孩子是怎么回事。他告诉我，自从他上小学以后，父母的脾气就变了很多。他们经常批评他，很少给他留面子。更让他无法接受的是，父母总是在同学、朋友面前说他，这也不行、那也不是。这让孩子感觉很没面子。不仅如此，他们的态度直接影响了同学、朋友和孩子的友谊。同学、朋友以为是因为他们的存在才使他的父母不高兴，于是就不再来他家玩了。这样一来，他和同学、朋友在一起的时间自然就少了。

他的遭遇，用他的话说是"尴尬"。为此，我与那位朋友聊过，他

告诉我："我不认为管孩子还要看场合。这难道很重要吗？一群小毛孩子，懂个啥呢？"

每个人都有自己的尊严，也需要自己的朋友。当自尊受到伤害、当朋友远离自己时，不管是什么原因，孩子都会感到无比难过。

因此我们在管教孩子的时候，不但要考虑自己的感受，更要照顾到孩子的感受和情绪。否则，父母的管教不仅毫无用处，反而还会后患无穷。

第四，管教的同时需要学会智慧地爱孩子。天下没有父母会说自己不爱孩子，但我们真的学会爱孩子了吗？一提到无条件地爱孩子，很多父母就认为应该对孩子百依百顺，孩子想要什么就给什么、想干什么就干什么。

我们对孩子的爱，有节制比泛滥更好，有管教比放纵更重要。但做到既不放任自流，又不压抑孩子的天性，这个度确实不容易把握。

如果父母能够平等地对待孩子，就容易做到收放自如。假如把孩子比作风筝，那么父母一定要握好手中的线，这根线就是尊重、理解孩子的天性，善待他们、关爱他们、信任他们的情感。

父母不能时刻紧握手中的这根线，否则孩子永远都飞不高；但也不能随便断掉手中这根线，否则孩子就会迷失方向。

还有很多父母觉得，爱孩子就要提供最好的物质条件，让孩子在最舒适的环境中学习和生活，把最好的东西全都留给孩子。然而久而久之，孩子就会认为这一切都是父母应该做的，吃最好的、用最贵的、穿最奢侈的，等等，都是理所当然的。

　　当父母无力承受的时候，孩子就会心理失衡、抱怨指责，甚至还会做出过激行为。曾引起很多人关注的"苹果三件套"的孩子，就是一个典型。

教养贴士 在一个快乐的家庭中，规则运行得很自然，家庭生活是愉快的"给"与"取"，父母和孩子是同伴。在不快乐的家庭中，纪律是恨的武器，服从变成美德，孩子是奴隶与财产。

与孩子一起订立规则

最近，我的一位崇尚自由教育的朋友犯了难，觉得孩子越来越不好管，问我怎么办。我告诉她，对于孩子来说，自由是成长的前提条件。如果没有自由，孩子将无法独立自主；如果没有自由，孩子更无法从心理上长大成人。但是千万不要走向另一个极端，一提到放手让孩子成长，就认为应该撒手不管。

真正的自由，不是让孩子在没有任何限制的情况下无拘无束地自由成长。这样的养育方式很容易导致孩子不懂尊重、不讲礼貌、以个人为中心、刁蛮任性、不服管教……

这样的"自由"教育，最后会变成放任自流。没有任何约束的自由必将演变为宠溺、娇生惯养。顺应孩子的天性，尊重孩子的选择，并不是彻底放弃规则。有规则的自由，才是真正的自由！

伊伊 4 岁多的时候，跟我们一同回重庆老家，因为过春节，所以亲戚朋友家的各种零食总是琳琅满目。当她想要吃零食的时候，有一个习惯，总是喜欢问我们："这个可以吃吗？"

很多时候，在场的一些亲戚或朋友就会很奇怪地问："大过年的，小孩子想吃什么就吃什么呗！你们怎么让孩子事事都请示啊？"虽然他们没有明说，但我知道他们内心真正想说的是"你们怎么管得这么宽、这么严"。

其实，在日常生活中，我们并没有要求伊伊吃什么都必须跟我们请示。她的这个习惯，正是因为我们平时给她设定了一条规则：零食一次不能吃太多，尤其是膨化食品或者垃圾食品，尽量不吃或少吃。在遵守这个规则的前提下，她可以自主选择零食种类。

到了一个陌生的环境，见到很多以前没有吃过的零食，她不知道哪些种类不宜多吃，所以需要大人帮忙判断。而在自己家里，她就会很容易自己辨别哪些可以多吃，哪些尽量少吃，也无须跟我们确认。

孩子毕竟是孩子，有时候吃起来就会忘记了自己是否超标，所以在吃的过程中，她也会主动跟大人确认一下数量。一旦我们告诉她已经超标了，她就会很淡定地接受，不再提多吃零食的要求。

迄今为止，我们带她去吃麦当劳或肯德基的次数，可以算是屈指可数，带她去吃的目的也是让她体验一下洋快餐的感觉，她也不会经常吵着要去吃。

我的朋友在我的劝说下认识到了规则的重要性，也认为需要给孩子一些约束、树立一些规矩。但是又不知道究竟该如何为孩子树立规

矩、如何才能让规则良好运行。我的建议是：

第一，规则的制定，并不是家长凭借自己的强势和权威独断专行，应该是在尊重孩子和给予孩子选择的基础上共同商定。首先要把规矩的道理讲清楚，而不是要求孩子盲目地服从。

很多规则，如果不涉及重大原则性问题，我建议家长和孩子共同参与制定。一旦孩子参与了规则的制定，孩子一般都会愿意遵守，有时候甚至做得比家长规定的还严格。因为他觉得这是自己本来应该做好的事情，并非家长强制要求的。

比如，每天的零食量，告诉他能吃什么，哪些是垃圾食品，哪些吃多了对身体不好；每天玩电子游戏的时间，以及相关限制条件。在制定这些规则的时候，我们完全可以采用跟孩子商量的方式来确定。

我们也常常看到，节假日期间，因为看电视、打游戏、吃零食，有些家长和孩子之间发生"拉锯战"和"攻坚战"。如果我们和孩子事先一起共同商定了规则，甚至是让他主导制定的规则，孩子自然就会变得更加自觉，家长也变得轻松和省心。

第二，规则的数量需要控制好。给孩子订立规矩，并非越多越好，也没有任何标准答案可以参考。订立什么样的规矩、制定多少规矩，需要根据不同发展阶段的要求、孩子自身的特点、家长的教育理念和教养方式等综合考虑。总的原则是，规矩越少越好；孩子越大，规矩越少，放权越多。

第三，规则一旦制定好，就要严格执行。规则的制定是很简单的，但是严格执行确实是比较困难的。如果有规则，无执行，结果就是等同于没有规则。一旦违背了规矩，孩子就要受到讲好的惩罚。

有时候，如果因特殊情况导致规则需要变通，那么也要告诉孩子这是特例，并非惯例。

自从伊伊上幼儿园后，无论在家还是在幼儿园，都是自己吃饭。在家里，我们就给她订立了一个规则，只能坐在自己的位置上吃，不能到处跑，不能玩玩具，不能看电视。

两年多下来，这个规则从来没有被打破过，所以，她也养成了自己吃饭的良好习惯，我们很少为此烦恼过。并且，这个习惯养成后，她在幼儿园里就吃得很干净，也很利索，不需要老师操心。入园不久，就成为班上吃饭习惯最好的几个小朋友之一，还经常得到老师的表扬或者奖励。

第四，我们要为规则的良好运行创造条件。建立规则，并不是对孩子进行高压限制、不给孩子任何自由和选择。要想制定的规则运行良好，就需要为孩子创造一个比较宽松的生活环境，营造一个温馨和快乐的家庭氛围。在约定好的规则范围内，孩子有完全的自由。

《夏山学校》中的一段话就是最好的注解："诚然，家庭中必须有些规则，通常是保护家中各成员权利的规则。但在一个快乐的家庭中，这样的规则运行得很自然，家庭生活是愉快的'给'与'取'，父母和孩子也是同伴。在不快乐的家庭中，纪律是恨的武器，服从变成美德，孩子是奴隶与财产。"

第五，让孩子学会为自己负责，自觉遵守规则。当孩子成为自己的主人，我们制定的规则，就很可能成为孩子自动自发的行为规范和习

惯。一旦孩子能够自觉遵守规则，家长也会轻松自如。

我们从小就注重培养伊伊的独立性，所以，日常生活中的很多规则，她都能自觉遵守。比如，玩电子游戏不能超过半小时、看动画片一次不能超过两集、每天按时上幼儿园等，大多数时候都不需要大人提醒，伊伊自己就能做到。

第六，家长要带头遵守规则。我们给孩子树立规矩的同时，也会对自己有约束和要求。大多数规则，都是需要家长和孩子共同遵守的。如果一方面要求孩子遵章守纪，另一方面家长又忽略规则对自己的约束，那么，孩子一定会跟着大人学，并且会逐渐感觉这些规则可有可无。

有一次，我到一个亲戚家做客。晚餐时，他们要求5岁多的儿子吃饭不要看电视。但是，孩子的爸爸是个超级球迷，当时正好在直播一场足球赛，于是就端着碗坐到电视机前的沙发上边吃边看。殊不知，儿子早已被他培养成了一个小球迷。看着爸爸可以既看电视又吃饭，孩子也就没有心思认真吃饭了，匆匆吃了几口就跑过去跟爸爸一起看球赛。

当儿子冲过去看电视，孩子的妈妈就开始着急了。一边指责老公，一边哄着孩子。但是，无论如何，孩子就是不愿意回到餐桌边吃饭。即使妈妈端过去，他也拒绝吃。后来，我实在看不下去了，就告诉孩子的爸爸，球赛错过还可以看重播，孩子不吃饱会影响身体发育，更会养成不好的习惯，还是先吃完饭再去看吧。当他关掉电视回到餐桌时，儿子也屁颠屁颠地跟着他一起规规矩矩地吃饭了。

别让孩子伤在"听话"上

　　女儿刚上幼儿园的时候，是老师心目中比较听话的孩子之一。老师非常喜欢她，她经常请我和妻子向其他家长传授经验。我们也乐此不疲。和大部分家长一样，我们理所当然地认为培养一个听话的孩子是天经地义的事情。但是后来发生在女儿身上的一件事，让我开始反省自己的教育方式。

　　那是伊伊上小班的时候，一天回到家里，外婆心疼地告诉我，伊伊在幼儿园尿裤子了，穿了一天的湿裤子，等她去接的时候，裤子都半干了。我问伊伊为什么不报告老师要上厕所呢？伊伊告诉我们，她本来想举手报告老师，可是老师说过，老师讲故事的时候一定要注意听讲，不能到处乱跑，她实在憋不住就尿在裤子里了。"那可以请老师帮你换条裤子呀。"妻子说。伊伊的头摇得跟拨浪鼓似的，她说她才不要让老

师和小朋友知道。因为老师说，听话的孩子，老师组织上厕所时一定要去，结果她忘记了。从这件事上，我们还了解到，如果不是在老师提醒上厕所的时段，伊伊通常都不敢把自己的生理需求及时告诉老师。后来，我们发现伊伊不怎么爱喝水了，无论我们怎么劝说，伊伊就是不肯多喝一滴水。夏天喝水少很容易生病，没多久，伊伊就生了一场病。即使在病中，她也不怎么多喝水。妻子和幼儿园的老师劝说了好多次，伊伊才开始正常喝水。

通过这件事，我和妻子意识到之前对伊伊的教育存在严重的问题，很多时候，我们把"听话"当成了教育孩子的捷径。比如，我们常常会以"听话"作为标准来赞扬和奖励孩子。长期这么做，就会让孩子认为"只有听爸爸妈妈的话，他们才爱我"。于是，孩子就会用"听话"来换取爸爸妈妈的爱，这又会进一步强化孩子的"听话"。久而久之，就会导致孩子慢慢缺乏主见、不敢表达自己的正当要求。

对一个幼儿园的孩子来说，他们对自己的要求主要来自他们心目中具有权威的大人，这种要求会直接影响他们的行为和能力。作为大人，无论是家长，还是老师，如果为了自己省事和省心，仅用"听话"来要求孩子，那么孩子为了达到大人的要求，会下意识地讨好大人，比如在幼儿园，当有困难的时候，就会不敢轻易惊动老师；当需要帮助的时候，就不敢麻烦老师；当不开心的时候，更不会直接向老师倾诉。长此以往，势必容易产生心理问题，做事的主动性和积极性都会受到影响，还容易养成惯于看人脸色的消极行为，影响孩子的身心健康发展。

　　认识到问题的严重性，我和妻子决定有意识地引导伊伊学会正确面对大人的要求，并能够表达自己的正当需求，不让孩子再伤在所谓的"听话"上。随后发生的一件事，让我们觉得机会来了。一个周六，我和妻子打算先带伊伊去商场买衣服，然后再去看儿童剧《白雪公主》；伊伊则想先看儿童剧，再去买衣服。妻子故意说道："伊伊是个听话的孩子，这件事爸爸妈妈说了算。"伊伊很不开心，但是没再说什么。我悄悄问伊伊，为什么想先去看儿童剧？伊伊告诉我，每次妈妈带她去买衣服，总是逛好久，回家的路上她经常睡着了。可她不想看《白雪公主》的时候也睡着。我动员她把想法告诉妈妈。伊伊摆摆手，一副老气横秋的样子说："算了，你们说了算。"我听了很心疼孩子，真没想到她看似听话的背后，竟然有这么多的无奈。我继续鼓动她，要是不想睡着，就一定跟妈妈说。我还保证，如果妈妈觉得她说得有道理，一定会同意她的要求的。最后白雪公主占了上风，伊伊去找妈妈了。妻子认真地倾听了伊伊的话后，决定同意她的提议。那天伊伊看得非常高兴，回家的路上小嘴叽里呱啦说个不停。我趁机说："多亏你跟妈妈说先来看儿童剧了，要不你睡着了，多可惜！"妻子也附和说："伊伊是个大孩子了，可以告诉我们她的想法了。以后我们也要多听听伊伊的意见呢！"第二天我送伊伊去幼儿园时，特意当着伊伊的面向老师提起这件事，由衷地表扬她敢于表达自己的想法。

　　我们尽可能给伊伊营造宽松的成长环境，平等地对待她，让她多表达自己的意见，鼓励她敢于说"不"。同时，还引导她认识到，无论是家长还是老师说的话不一定是完全正确的，大人们也会经常犯错。如

果大人做得不对、提出的要求不合理，孩子完全可以向大人提出来。为了让伊伊在幼儿园也能够做到这一点，我们还经常陪她玩模拟幼儿园的游戏。先是伊伊当幼儿园老师，我们做小朋友，让她给我们不断提出要求。如果她提出的要求不妥，我们就会举手告诉她。接下来我们又互换角色，让伊伊做小朋友，我当老师。当我提出的要求比较过分时，她就会和妈妈一起举手表示抗议。因为受到了充分的肯定和表扬，伊伊逐渐敢于对大人的决定提出反对意见，表达自己的想法。如果她说得有道理，我们就会认真地照她的想法去做；即使她说错了，我们也不轻易否定她，而是把发现错误的机会和改正的空间留给她。

"听话的孩子就是好孩子。"这是大部分中国家长秉持的教育观念。在国内的教育体制下，听话的孩子也往往会更多地得到老师的喜欢和青睐。但是，德国著名心理学家海查曾做过一个实验：对 2~5 岁有强烈反抗倾向的 100 名儿童与没有反抗倾向的 100 名儿童跟踪观察到青年期。结果发现，在儿童期有反抗倾向的人中，84% 的人意志坚强，有主见，有独立分析、判断事物和做出决定的能力；而儿童期没有反抗倾向的人中，仅有 26% 的人意志坚强，其余 74% 的人遇事不能做决定，不能独立承担责任。作为家长，很多时候，我们自以为是在"引导"和"培养"孩子，其实是在伤害孩子，这一点是需要我们警惕的。

教养贴士 如果在孩子心里，任何事情都能寻找到靠山，孩子就容易养成一种依赖心理，在心理上难以跟父母"断奶"。

放手，孩子才能独立

有一次，我去参加伊伊幼儿园的亲子活动，主题是亲子运动会。在正式开始之前，孩子们先到操场上活动，家长可以在旁边观看。小朋友跳了两个舞蹈，其中一个还是当时火爆全球的歌舞《江南 Style》。

由于大人都很熟悉这个骑马舞，所以当孩子们在跳舞的过程中，那些热心的家长们就忍不住指手画脚，不是提醒自己孩子跳错了，就是现场示范给孩子看，反正总是闲不住。从这一幕幕场景，我大抵也可以想象这些孩子在家养尊处优的场景。

在丰富多彩的亲子活动之后，我们还到教室参观了孩子们吃午饭的过程。这顿午餐比较丰盛，有一道菜是很多小朋友都喜欢吃的虾，这些虾都还没有去壳，需要孩子们自己用手剥。

刚开始的时候，我还暗自着急。因为在家里，伊伊一直声称自己不会剥虾，凡是到吃虾的时候，都是由我们代劳，要帮她去头去尾剥壳。当虾刚上桌时，我就悄悄地问老师："孩子们都会自己剥壳吗？"

老师看着我一脸的犹疑，斩钉截铁地告诉我："以前也经常吃虾的。他们都能自己剥，没有一个小朋友需要老师帮忙。而且我们是不会帮他们的。"

最后，老师还告诉我，其实小朋友在幼儿园里面大多数事情都能够自理，家长根本不用担心。

旁边很多家长，起初也同样对自己的孩子有所怀疑，甚至还有少数家长开始准备动手帮助孩子剥虾。但老师阻止了所有试图帮助孩子剥虾壳的家长，并对我们说："家长们请放心，每个小朋友都会剥虾的，你们只要看着就可以了，让他们自己剥。"

为了让大家放心，保育老师还给孩子们进行了示范，告诉他们："先去头，再去尾，然后剥掉身上的盔甲。"

伊伊果真很快就自己剥好了虾，整个过程显得非常熟练。而且，我发现，班上三十多个小朋友居然真的人人都会剥，令我大跌眼镜。

回家的路上，我问伊伊："在家的时候，为什么都要我们帮你剥虾呀？你不是自己会吗？""爸爸，你知道吗，剥虾还是很累的，而且手也要弄脏。在幼儿园，老师不会帮我们，所以只好自己剥啦！"说完，她还冲我做了一个大大的鬼脸。

在孩子们的心中，只要有靠山，很多时候就难以学会独立。如果没有退路、只能靠自己的时候，他们就会想方设法自己动手解决。对于大班的孩子来说，其实很多日常生活中的事情都是可以自理的，不能完

全自理的事情，只要家长稍加协助，他们也能自己解决。

每次跟同龄孩子的家长探讨孩子的教育问题时，他们都会感叹，伊伊怎么会做这么多事情，可以自己洗澡、自己洗头、自己洗手绢、自己穿衣服，等等。

然而，感慨归感慨，但是到了该放手让孩子自己做的时候，很多家长还是会忍不住要去帮忙，对孩子一万个不放心。

其实，背后反映出来的根本问题就是家长不信任孩子。当我们不信任孩子的时候，往往就不会指望他们能够自主做一些事情，就不会给他们锻炼的机会。

本来孩子们有很多事情是完全可以自己做好的，但是家长总喜欢事无巨细地亲自代劳，大包大揽，甚至越俎代庖，基本上代理了孩子的全部生活。这样做的后果，就是削弱孩子的责任心，让孩子感觉这些事情都不是自己的责任，而是家长的责任。

在伊伊学跳舞的培训学校，有专门供小朋友换舞蹈服的地方。我环顾四周，发现很多孩子都不是自己换衣服，而需要家长代劳。5岁前，我们就让伊伊自己换舞蹈服装，跳完舞再自己穿衣服。大多数时候，伊伊都穿得又快又好，甚至比其他家长代劳的速度更快。

其他家长虽然也经常表扬伊伊，但是他们总是不愿意放手让自己的孩子试试看。很多人的顾虑是，孩子动作慢，怕孩子冻着，所以家长帮忙会更快。同时，我从这些孩子的言行中也读到一个信息，他们基本上都认为这是理所当然的。

其实家长不愿对孩子放手的一个重要原因是害怕为孩子的成长"买

单"。其实，如果在孩子小的时候，家长没有为他"买单"，那么等孩子慢慢长大后，很可能还有一个更大的"单"等着家长去买。

因此，我们需要给予孩子更多信任，让他们独立地做一些力所能及的事情，逐步提高生活自理能力。

每个孩子都是在一次又一次的摔跤中才学会走路的。人生也是这样，只有在经历风雨之后才会见到彩虹。在孩子的成长过程中，只有犯过错误才会真正懂得如何防范，只有受过伤痛才会真正知道如何避免，只有吃过苦头才会懂得珍惜。

伊伊很小的时候，就喜欢在户外跑跑跳跳，也喜欢滑板车、扭扭车、自行车。在玩耍的时候，就免不了会磕磕碰碰，甚至伤筋动骨。尤其是在夏天，她的膝盖和小腿总是伤痕累累。

还有一次，她从小区的滑滑梯上摔到地上，后脑勺缝了四针。即使这样，我们也没有阻止孩子继续玩这些项目。后来我发现，当她摔的次数多了以后，自然就学会了如何保护自己。

幼小的孩子由于缺乏安全感，都需要从大人那里寻求依靠，往往会对父母产生依赖。这是孩子成长过程必经的一个阶段。

但是，**如果在孩子心里，任何事情都能寻找到靠山，孩子就容易养成一种依赖心理，在心理上难以跟父母"断奶"。**孩子总有长大的一天，如果我们不帮助孩子在心理上进行"断奶"，那么孩子很有可能成为一个永远长不大的孩子。

对于妈妈来说，心理上的"断奶"远比生理上的断奶更加困难。无论如何，我们都要根据不同的阶段，逐步帮助孩子心理"断奶"，训

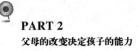

练孩子增强生活自理能力，培养孩子养成良好习惯，增强孩子的心理免疫能力。

而一个正常进行过心理"断奶"的孩子，在学习上的自主性也会更强，学习的效率也会更高，相信成绩也不会太差。

允许孩子犯错，给孩子自我成长的机会

一次我去幼儿园接伊伊放学，一位家长向我大吐苦水，说她儿子每天小错不断，大错隔三差五，整天在家搞破坏，上幼儿园也调皮捣蛋，她头疼死了。她的儿子我见过，是个爱说爱笑的小家伙，经常缠着来接小朋友的家长问一些事情，很讨人喜欢。我问孩子都犯过什么错误，这位妈妈以当天为例，说早晨孩子把卷筒纸缠在身上做飘带；上幼儿园的路上孩子把奥特曼拆得七零八落；刚刚幼儿园老师反映孩子把洗手池的水龙头堵了，想看看水还能从哪里冒出来……

其实这位妈妈口中抱怨的事，伊伊几乎都干过。她外婆经常在家嘟囔现在的女孩和男孩子一样，不让人省心，惹是生非。可在我看来，这个年龄段的孩子所做的事，绝大部分都不是怀有恶意故意犯错误，更多的是因为好动和好奇，他们是在用所有的感官来探索世界。

76

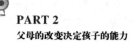

很多事情，在成人眼中可能司空见惯，但在孩子眼中是新鲜独特的，并努力想弄个明白。所以大人认为不能碰的东西，孩子偏偏要去摸；大人认为不能干的事情，孩子偏偏要去做；大人认为很无聊的东西，孩子偏偏觉得很有趣。而每一次尝试，可能就是一次犯错；但每一次犯错，也可能就是一次成长。幼儿阶段的孩子大部分学习是在不知不觉中进行的。作为家长，如果想促进孩子成长，不应要求孩子不犯错误，相反，要给孩子多一点空间，让他自己去尝试，按照自我需求成长。

伊伊 4 岁多的时候，有一天我下班回家，她的外婆怒气冲冲地告诉我，伊伊把她刚烧好的开水都倒进了鱼缸里，四条漂亮的金鱼全被烫死了。我听了也很生气，金鱼是我们送给伊伊的生日礼物，因为她一直吵着要养小动物。此前给她买了一只小兔子，结果养了没几天就死掉了，她还大哭了一场。妻子看她哭得可怜，就提议买了几条金鱼送给她。她也答应我们要好好照顾。外婆离开后，自觉惹了祸的伊伊躲在沙发后面就是不肯出来。我强压怒火，尽量语气温和地问她："爸爸知道伊伊一直都是很有爱心的孩子，可为什么要把开水倒进鱼缸呢？"伊伊怯怯地抬起头说："今天很冷，我怕金鱼冻感冒，就把开水倒进去了。"原来是这样！我和外婆都误解了孩子。伊伊伤心地哭了起来："爸爸，金鱼为什么会死呢？"我把给她买的《DK 自然发现大百科》翻出来，找到介绍动物和鸟类的图片和文字，告诉她，地球上的生物有各自不同的生长习性，有的生物怕冷，有的生物怕热，还有的生物需要保持一定的温度，比如我们人类。伊伊恍然大悟："爸爸，我知道了，我们要是发烧，就必须得吃药，要不然就会像金鱼一样，被烫死了。"说着，她一脸崇拜地摸摸书，"哎呀，爸爸，你以后多给我讲讲里面的故事吧。"自那以后，伊伊遇事常常会把《DK 自然发现大百科》拿出来，有时也向我们求助，比如询问花儿应该多长时间浇一次水、乌龟要不要烤火等一些千奇百怪的问题。因为她百科知识懂得多，幼儿园老师还让她给小朋友讲过几次故事，这更激起了她强烈的求知欲。一本《DK 自然发现大百科》她就要求我们翻过来倒过去地讲了好几遍。

当孩子犯错时，记住：不管你多么生气、多恼火，一定要努力克制住情绪，不要乱贴标签，比如"坏孩子""惹祸精"等。等到我们和孩子都心平气和的时候，不用命令的语气，而是用建议的方式跟孩子沟通，你会更深刻地了解孩子犯错的心路历程，完全可以借机引导孩子认识世界，引领孩子自我成长。

如果孩子不犯错，就不会给家长带来太多麻烦。所以，有的家长总是期望在孩子犯错前就提醒他，让他避免犯错误，什么事情都要求尽善尽美，处处设置清规戒律，不允许任何一点纰漏。可是如果孩子在成长过程中没有犯错的权利和机会，孩子长大后就容易出现两种极端情况。要不就是害怕犯错误、办错事，什么都听父母的，等着父母帮他抉择、帮他思考、帮他承担。这会阻碍孩子去做自己真正想做的事情。要不就是什么都和父母对着干，孩子也是人，也有独立人格，父母什么都代劳了，孩子还怎么体现自己的尊严和人格呢？所以，为了维护自尊，孩子会通过对父母的要求全部采取相反的态度和言行，来证明自己是独立的人。

　　我有一个同事，他的儿子萧萧曾经是他的骄傲。记得萧萧上幼儿园时，同事邀请我去他家里做客。一进门，我就看见在他们家最醒目的地方贴着一张写得密密麻麻的纸。萧萧爸爸不无得意地告诉我，这是他给儿子列的 66 条不许犯的错误清单，上面包括不许打破杯子、不许跳得太高……他还说，为了保证儿子时时刻刻记住，每天临睡前，他都会给儿子朗读三遍，然后让儿子反省今天是否犯过以上的错误。

　　我听后瞠目结舌。在他们家做客期间，萧萧看起来很听话，但是就是这么一个乖孩子，上中学后，却成了让同事头疼的叛逆孩子，最后他的妈妈不得不辞职在家看管孩子。

　　在我看来，对孩子来说，没有比拥有一个"完美"的童年更糟糕的事情了。德国教育家弗里德里希·威廉·奥古斯特·福禄贝尔曾说："推动摇篮的手就是推动地球的手。"作为家长，智商并不是第一位的，但智慧一定是最关键的。孩子犯错并不可怕，可怕的是父母对待孩子犯错的错误方式。不当的管教方式，非但不能让孩子认识到错误的本质、体验到犯错的后果，反而让孩子身心受到更大的伤害，甚至让孩子走向父母期望的另外一端。我一向认为，无论孩子犯下什么大错，打骂孩子都是最无能的管教方式。很多时候，父母打骂孩子，与其说是惩罚，还不如说是父母在挽回自己的尊严或者发泄自己的情绪。英国著名教育家斯宾塞指出，在培养孩子道德品质的过程中，父母应该更多地采用自然教育法，少用人为惩罚。他认为，当孩子认识到自己错误的行为所产生的自然后果后，吸取这方面的经验，以后不再犯，就是自然惩罚。他还提出，体罚是一种极端的人为惩罚方式，父母要慎用，这绝对

不是主要的教育手段，而且也不能单靠这个方法把孩子培养成才。当然，如果孩子所犯错误是比较重大的原则性错误，家长也绝不能听之任之，需要考虑通过哪种方式来纠正孩子的不良行为。我们无法预知孩子的未来，但是只要我们提供给孩子美好的成长环境，相信孩子的今天和明天一定会有天壤之别。

别让"教育"破坏孩子的专注力

孩子上幼儿园后，专注力的培养就变得非常重要而迫切，因为它是影响儿童学习过程的一个重要因素。经常有家长问我，如何培养孩子的专注力；家长之间也喜欢互相交流和打听是否有专门培养孩子专注力的地方。有的幼儿园老师建议家长经常陪着孩子做一些有关专注力的训练，我们没有那样做。因为在伊伊在两岁多的时候，就喜欢上了拼图，这个游戏是一个非常好的帮助孩子集中注意力的游戏，我们从 5 片左右的拼图开始，到最后伊伊可以独立地完成 50 片左右的拼图，可是我们发现，伊伊的专注力持久更多的是表现在拼图这个游戏上，而非所有的事情上。归根结底，这是因为拼图是她喜欢的游戏，成年人也有类似的经历，一旦遇到自己内心真正喜欢干的事情，废寝忘食也是心甘情愿的。到底是什么影响了伊伊在其他事情上的专注力呢？有很长一段时

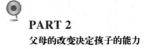

间，我都在思考这个问题。

　　跟很多孩子一样，伊伊非常喜欢玩沙子。一天，我们全家带伊伊去一个室内玩沙的游乐场玩。她兴致勃勃地在沙滩上玩堆沙游戏，小心翼翼地用铲子挖着沙，然后把沙子送进小桶里。半个多小时以后，她就堆出了一个小房子。就在她细心地开始为小房子做装饰时，妻子突然发现她的新衣服上沾满了沙子。她立刻冲过去，把伊伊拉起来，边拍打她身上的沙子，边说："玩的时候注意点，小心别把衣服弄脏了。"伊伊惦记着自己的小房子，显得心不在焉，妻子不满地说："你这孩子怎么这么不听话啊，妈妈在和你说正事呢！"过了一会儿，外公看见伊伊堆的小房子没有窗户，又走过去，指指点点地说："伊伊，外公告诉你，房子一定要有窗户的，否则人待在里面多难受啊。来，外公教你怎么开扇窗户。"说着，老人家不等伊伊同意，就开始动手帮忙。"我就要这样，不要留窗户嘛！"伊伊大声抗议。"你这个孩子怎么跟外公说话呢！太没礼貌了。听外公的话，开一扇窗户。"妻子批评道。伊伊只好满脸不愿意地配合外公开窗户，但明显看得出来，她的兴致远远不如刚才了。没过多久，她就嚷嚷着去别处玩。

　　其实这种情况不只发生在伊伊身上，就在同一天，我看到游乐场里的大部分家长，都积极地参与着孩子的游戏。他们指手画脚，一会儿叫孩子这样，一会儿叫孩子那样；能陪的项目，有不少家长都一万个不放心地跟着上。结果，很多孩子都变成了满场飞，每样游戏都玩不上几分钟，就换了其他的游戏。如果孩子在做游戏的时候，注意力都不能集中，就更别谈在学习上能够拥有专注力了，因为很多学习活动的趣味性远远不如游戏。

而家长在四处寻找如何培养孩子专注力的灵丹妙药时，往往没有意识到，孩子的专注力，恰恰很多时候就是在大人以"教育"和"关心"为名的随意打扰中被破坏的。在幼儿园阶段，由于孩子的自理能力和独立性都还在培养过程中，很多家长对孩子放心不下，担心孩子犯错，更不愿孩子受到任何伤害。于是，孩子做任何事情的时候，家长都会进行"指导"，甚至是横加干涉。专注力虽然是孩子学习所必备的能力，但往往很难在一本正经的学习中完全培养出来，大都是在玩耍、游戏、运动、户外活动等孩子感兴趣的事情中培养起来的，尤其是对幼儿时期的孩子来说，培养专注力就更需要从他们感兴趣的事情开始。以游戏为例，如果在玩耍的过程中，孩子的兴致总是被家长无情地破坏，难以享受到游玩的乐趣，长此以往，孩子的专注力一定会下降。如果做任何事情缺乏专注力，必然影响做事效率。

认识到这个问题后，我和家人约定，要做到培养伊伊的专注力，我们首先需要学会尊重她。当她正聚精会神地做着一件对她来说很重要或很好玩的事情时，请不要随意打扰她；当她说话时语言不连贯甚至表达不清时，请耐心地听她把话讲完；当她不愿意接受你为她强行安排的事情时，请让她先做完自己喜欢的事；当她玩一些自己喜欢并且能够独立完成的游乐项目时，能不陪的我们尽量不陪，能不说的我们尽量不说，让孩子尽情享受玩耍的过程；她在学习的时候，尽量不去打扰，不要打断思路，更不要破坏学习氛围。

这样过了一段时间，幼儿园的老师打电话给我们反映伊伊的专注

力明显提高，在完成同一件事情时，与很多小朋友相比，可以做得又快又好。

作为幼儿的家长，我们在培养孩子的专注力时，还要了解学龄前的孩子的中枢神经系统发育尚未完善，兴奋和抑制过程的发展还不平衡，孩子的自控力比较弱，注意力或不够稳定或不易集中，或者即使注意力能集中，但时间也不会太长。我们不要轻易就给孩子贴上"注意力不集中"、"缺乏专注力"等这样的标签，要鼓励孩子尽量在完成一件事情以后，再开始另外一件事情。

即使是孩子愿意做的事情，由于自控力不够或产生畏难情绪，很有可能半途而废。三分钟热情是小朋友的常事，比如伊伊很喜欢的拼图游戏，有时也会拼到一半，被其他好玩的事情吸引了。当她要去玩其他玩具时，我就会先把这些玩具收起来，并告诉她，做任何事情都需要有耐心，能坚持的就要尽量坚持，不要三心二意。

此外，孩子的专注力也跟生活习惯和学习习惯密不可分。所以，对于家长来说，培养孩子的专注力，也要注意培养孩子的良好习惯。我们不要鼓励孩子一个时间段同时做两件事情，比如一边画画一边看电视，一边看书一边听歌，一边做作业一边吃东西。如果从小能养成良好的专注力，不论学习还是工作，往往都能获益匪浅，事半功倍，反之则会事倍功半。

别以安全之名，剥夺孩子运动的机会

伊伊刚过完 5 岁生日不久，一天在家里学青蛙跳，一不小心从沙发上栽了下来，脸颊磕在茶几转角处，血流不止，后被送进医院救治，但是脸上留下了一道伤疤，过了半年还依稀可见。这件事给当时在家的外公、外婆和妻子造成了很深的心理阴影。为此，妻子禁止伊伊从事很多运动，包括伊伊最心爱的轮滑。她还特意去了一趟幼儿园，拜托老师提醒伊伊不要玩可能存在危险的游戏。我理解妻子做妈妈的心态，但是我反对她的做法。我专门找了一个时间，和妻子逐一分析她所列的各种"危险运动"，结果令妻子沮丧，因为即使伊伊真的能够不玩她所禁止的那些运动，但是其他各种不安全因素仍旧会伴随在她的左右，也就是说禁止"危险运动"并不能保证伊伊安全成长，反而会让孩子疏于运动，影响身体发育。

对幼儿园的孩子来说，运动是非常关键的，他们在运动的过程中，一边摸爬滚打一边学习，不断让自己得到学习和适应。如果儿时缺少体育锻炼，有可能会抑制大脑发展，造成学习障碍。

过去，人们把思考和学习当作脑力活动，与身体其他部分关系不大，但是研究表明，身体和智力的联系十分紧密。运动不仅能保持孩子身体健康，还能促进大脑发育，就拿伊伊最喜欢的轮滑来说吧，这对发展孩子的手眼脚的协调能力大有帮助，会直接影响到孩子学习写字。现在有很多家长，从孩子开始学习走路，就恨不得眼睛钉在孩子的身上，用充满爱意的目光为孩子营造一个所谓安全的罩子。一旦孩子活动范围超出这个罩子，家长就如临大敌。每次我陪伴女儿玩耍的时候，"宝宝，那里不能去，要摔跤的""宝宝，那个不能碰，会弄疼你的"……诸如此类的话不绝于耳。更有夸张的家长，竟然抱着孩子玩儿童滑梯；或者画地为牢，警告孩子只可以在圈内玩耍。

而家长的心态，又往往会决定学校和老师的心态，据我所知，上海就不止一家幼儿园，开始尽量减少孩子们的户外活动，甚至课间也不允许孩子离开教室到操场玩耍，只能保持安静，乖乖地待在教室里玩耍。因为一旦出现意外，幼儿园和家长之间就有打不完的官司。

妻子的好朋友带着孩子从日本回来，到我家小住。她的女儿与伊伊同龄，但是运动能力及身体协调能力都明显强于伊伊。她介绍说，在日本，从幼儿园到大学，都很重视体育课，常开展各种运动会，既培养了孩子顽强的拼搏作风，又增强了国民体质。

伊伊是两岁多开始学习轮滑的。起初，我们也打算像有的家长那

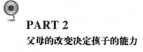

样给她报个专门的培训班。但是我认为既然配备了全套的安全护具，不妨让孩子自己先试试。我不会轮滑，自然没有什么方法和技巧可以传授给她，只能陪在她身边，任由她自己瞎玩。所有的孩子都对玩耍感兴趣，即使不停地跌倒，伊伊也会自得其乐。有时候她会停下来，认真地想想怎么才能不摔跤、怎么才可以停下来、怎么才能转身。没有多长时间，伊伊就自己在摸爬滚打中学会了轮滑。这让旁人大为吃惊，纷纷赞叹，怎么这么小的孩子就自己学会轮滑了。我把自己的经验告诉一些家长，说其实很简单，只要给孩子做好保护措施，就随他们自由滑行，可以先在草地上练习走路，然后再转战水泥地面，让他们多尝试、多摔跤、多犯错，最终他们一定会自己摸索出正确的方法，找到最佳姿势来控制轮滑。但是大部分家长听听就算了，因为在他们看来，这毕竟不符合他们安全育儿的理念。

伊伊后来又完全靠自己学会了骑儿童自行车、玩扭扭车、玩滑板车等。每天出去玩，至少带其中一套玩具。通过几年的观察，我们发现伊伊跟很多同龄孩子相比，跑得比较快，耐力比较好；运动的时候知道怎么保护自己，很少摔到关键部位；另外因为摔跤次数很多，所以有点皮糙肉厚，一般摔了也没事。而和她同班的一位小朋友，只是因为从台阶上蹦下来，就脚踝骨裂了。听老师讲，现在这种"玻璃人"孩子越来越多，他们身体素质不好，夏天不能吹空调，吹了就容易感冒，胃口也不佳，睡眠还不好，在学习和与人交往上，他们都明显表现出来胆怯、不自信，甚至有的孩子直到大班，也难以做好拍皮球数数，让人对他们未来能否适应小学生活感到担忧。

　　有朋友好奇地问我:"你难道不在乎孩子的安全吗?不担心她受伤吗?"我当然在乎!但是在我看来,在不危及孩子生命安全或给孩子带来严重伤害的情况下,与其过度保护孩子,不如给孩子在适当的范围提供大量机会反复练习与自由嬉戏,让孩子学习应对策略和坚持;让孩子看到行动前思考的重要性,并通过自我思考获取一些避免危险的方法。这才是我们做家长更应该尽到的责任。

PART 3

每一个问题都是一次机会

　　孩子本来就不是一种完美的存在，如果不了解孩子的内心，我们往往看到的只是孩子的"问题"。在养育孩子的过程中，家长不要把孩子看成是麻烦的制造者。

　　其实，每一个问题就是一次机会，对幼儿园的孩子家长来说尤其如此。那些在养育之路上遭遇过的挫败感，完全可以转化为一种成就感；那些曾令我们束手无策的"捣蛋鬼"，可能一夜之间就会变成人见人爱的"天使"。

"假如你的孩子说谎，他不是怕你，就是在模仿你。撒谎的父母必定有撒谎的子女。如果你要孩子说实话，就不要对他们说谎。"

孩子爱说谎，父母先别慌

幼儿阶段孩子说谎，大多是因为孩子的心智水平还处在喜欢逃避责任这个初级阶段，往往没有对错之分，很多时候甚至是孩子的本能反应。

对孩子说谎这个问题，我们首先要充分了解和正确认识隐藏在孩子说谎背后的真实原因，才能找到如何教育孩子不要说谎的应对之策。

伊伊上大班的时候，一位老师被抽调到了其他班级，由一位新老师接替。相比之前的老师，这位新老师对孩子很严厉，对于不守规矩的小朋友，喜欢大声斥责或批评。因此，很多小朋友都比较害怕她。两个多月之后，伊伊的好朋友蕾蕾回家告诉妈妈，新老师要走了，要去很远很远的一个地方，再也不会回来了。她妈妈讲给我们听时，我们正带着伊伊去上舞蹈班。

伊伊妈妈好奇地问伊伊是不是真的。伊伊说老师在班上说过要出去几天的，但没有说是否还会回来。蕾蕾在一旁不高兴地坚持，是新老师自己说的，不会再回来了。这事也就过去了。没过几天，我去接伊伊时，恰好遇见了这位新老师，我问了问，她根本没有要离开的打算。回到家里，伊伊告诉我老师又批评蕾蕾了。原来新老师很不满蕾蕾的一些做法，经常在班上批评她。有一次，蕾蕾在班上和老师顶嘴，老师很生气，就说自己要走了，再也不管她了。

没想到，老师的一句气话，蕾蕾就当真了。蕾蕾妈妈知道真相后，非常恼火，认为女儿小小年纪就学会了撒谎。我告诉蕾蕾妈妈，千万别因为这件事批评孩子撒谎，因为幼小的蕾蕾只是把自己的想象当成了现实。

归结起来，幼儿阶段孩子说谎，通常出于几个原因：一是认知水平不够，根本就分不清谎言与现实的区别。因为幼儿阶段的孩子有时候还分不清现实世界与虚拟世界的区别，很可能是出于自己的想象在虚构；二是免于承担责任，由于小孩的心智水平尚未成熟，对责任的认识也不够，很多时候害怕承担责任甚至是害怕父母的打骂，出于本能就会说谎；三是希望引起关注，有时孩子为了引起大人的注意，可能会夸大其词或无中生有，当他发现自己说了一些夸张的话或做了一些不当的举动，可以吸引大人给予更多的关心与注意，孩子自然而然就会重复这样的行为。

因此，我们做家长的千万不要轻易就判定孩子是否撒了谎。不论出于什么原因，家长都需要了解和体会孩子的真实感受，帮助孩子认识到问题根源或所犯的错误。当发现孩子真正说谎时，也不要大惊小怪，更不要随意责骂，我们要正确引导。

有些家长一旦发现孩子说谎，就喜欢拳脚相加或破口大骂，但换来的可能就是孩子下次更大的谎言。因为孩子知道，有些事情一旦如实相告，最后的结果就是打骂或指责。长此以往，就将陷入恶性循环，亲子关系就将得到破坏，甚至亲子沟通的大门都会关闭。

其实，我们完全可以告诉孩子，虽然他这一次说了谎，但是我们很高兴他能有勇气承认，而且相信他下一次不会再犯同样的错误。我们还可以将自己小时候类似的经历或故事与他分享，让孩子知道下次不要这样就好了。当孩子愿意承认错误时，我们要给予适时的鼓励和肯定，让他认为父母是可以信赖的，下次就不会轻易说谎。

更为关键的是，要让孩子不说谎，家长首先要以身作则，尤其是对待孩子，一定要说到做到，不能经常欺骗孩子。同时，也不要当着孩子的面对别人撒谎，甚至通过孩子进行撒谎。

我们在家基本上不会当着伊伊的面故意说谎，但难免遇到一些事情，为了不伤害别人会刻意隐瞒真相。而孩子的眼睛是雪亮的，偶尔就会揭穿我们，并且指责我们在说谎。

伊伊3岁多的时候，由于年底工作太忙、压力太大，我的牙痛复发。人们常说："牙痛不是病，痛起来真要命！"牙痛搞得我难以忍受，好几天都吃不下饭，只能靠打吊针度日。

在我生病的这个期间，我妈妈从老家打电话过来关心我。聊到最后，妈妈问我最近身体好不好，为了不让老人家操心，我随口就说：

"身体好着呢！妈不用担心我。"

坐在旁边的伊伊听到后，突然大声说："爸爸，你不是牙疼吗？都吃不下饭了，还说身体很好。你不是骗奶奶吗？"

由于伊伊的嗓门太大，电话那头的奶奶听得一清二楚。我妈倒也没有责怪我，只是在电话中千叮咛万嘱咐，让我保重身体。我只好说不严重、别担心之类的话安慰老人家，然后就匆忙挂掉电话。

就在我怒火中烧的时候，伊伊又跑过来对我说："爸爸，你以前不是跟我说，乖宝宝是不会骗人的吗？你刚才跟奶奶说谎，那你就不是奶奶的乖宝宝啦！"听到这里，我心中的一股火气立马烟消云散了。我心里一震：是啊，我们平时不是跟她说要做个诚实的孩子，不要随便说谎的吗？

我赶紧向她解释和认错："伊伊，爸爸今天欺骗奶奶是不对的。我也是怕奶奶担心爸爸，影响奶奶的身体。下次爸爸再也不骗人了，好吧？"听完我的话，伊伊很高兴，还像个小大人一样逗我："这才是个乖宝宝嘛！"然后手舞足蹈地跑到书房跟妈妈告密。

从那以后，不管遇到什么事情，我都不会再当着伊伊的面说谎。记得《夏山学校》中有一段话说："假如你的孩子说谎，他不是怕你，就是在模仿你。撒谎的父母必定有撒谎的子女，如果你要孩子说实话，就不要对他们说谎。"这些话是我们作为家长应该牢记的。

孩子欺负人，父母需纠正

自己的孩子爱欺负人，是令许多家长很头疼的事，一方面要安抚被欺负的小朋友甚至对方家长，另一方面还得想办法教育自己的孩子。殊不知孩子爱欺负别人的背后，是有一定原因的。弄清孩子爱欺负人的原因，家长才能找到最佳处理问题的方法。

一般来说，幼儿阶段的孩子打人主要有两个方面的原因。一种是孩子出于试探的心理或本能的反应，借助打人的举动来探索这个世界，可能就是怀着一种好玩的心理或者出于维护自身利益，去试探自己的行为能力或者试探别人的反应。打完人，他们心里可能想等着看看接下来到底将发生什么事情。对他们来说，打人或许就是一次试验而已，或许就是一次学会与人相处的机会而已。从某种意义上说，这也是人的一种本能反应。

96

伊伊在两岁左右，就曾经历了这样一个阶段。凡是自己喜欢的玩具，如果被别的小朋友拿走，她就会直截了当地强夺回来。如果其他小朋友不愿意放手，抢夺就会升级。

有一次，我陪伊伊到楼下玩，她带着自己最喜欢的芭比娃娃，正巧经常在一起玩的好伙伴蕾蕾也在。这个小女孩也是超级喜欢芭比娃娃，于是趁伊伊不注意，就偷偷地把玩具拿过去自己开心地玩了起来。不料，没过一会儿，伊伊走过去二话不说，猛地一把从她手里抢回了自己的"心肝宝贝"，蕾蕾吓得大哭。

我赶紧上前把两个小朋友分开，先安抚蕾蕾的情绪，然后再跟伊伊说："宝贝，我知道你很喜欢这个玩具，担心蕾蕾拿走就不给你了。爸爸也跟你一样担心哟。"听到我这样说，她紧张的情绪得到了一些缓解。

我接着说："不过，你除了把芭比娃娃抢回来以外，还可以跟蕾蕾商量商量，告诉她只能玩10分钟，时间到了就要还给你。下次你先试试看这个方法是不是很好，也能顺利拿回玩具的哟。"她点了点头，仿佛明白今后应该如何应对这种情况。

过了不久，果然又发生其他小朋友拿了她的玩具，迟迟不肯归还的情况。我立即提示她，曾经告诉过她的处理方法。伊伊很快就明白应该怎么做了。这一次，按照我讲的方法，她不费吹灰之力就拿回了自己的玩具，两个小朋友都很开心，又在一起继续玩了很久。

经过一段时间的逐步引导，伊伊终于知道，跟别人好好商量远比动手更有效。于是，她就慢慢学会了如何通过事先约定规则，和小朋友一起分享玩具。到后来，也就很少出现因为争抢东西发生打人的行为了。

第二种情况是，孩子出于发泄或报复的目的，通过打人的行为来表达自己的情绪。比如对某件事情很生气，就有可能将自己的怒气发泄到别人身上。

由于成人占有明显的身体优势，所以孩子一般会选择跟自己差不多大或比自己小的小朋友动手，或者选择平时呵护自己的老人发泄情绪。

去年春节，我们全家回重庆老家过年，回来时把妻子的外婆接到上海住。刚开始的时候，伊伊还比较尊重老人家，有什么好吃的会主动拿给老人家吃，下楼的时候还会提醒老人家注意安全。

过了几天，伊伊就跟老人家熟了。俗话说"小小孩，老小孩"，80多岁的老人，很多时候真的就跟个小孩子的表现差不多。所以，趁我们不在的时候，伊伊也学会了逗老人家玩。

有一天，伊伊竟然对老人家表现出不敬的举动和言语，还大声对老人家说赶快回重庆老家去。这一幕正巧被妻子看到，妻子狠狠地批评了伊伊一通，并让她独自去反省。

因为此事，伊伊就对老人家"怀恨在心"。两天后，她的玩具不小心被老人家弄坏了，这下可给了她"复仇"的良机。她顺手就开始打老人家，还就此大哭大闹，仿佛不肯饶过老人家。

虽然凭她的力气，不会对老人家造成任何伤害，但借机发泄这件事，在我们眼里，一向是不能容忍的。我赶快跑过去把伊伊拉开，带到我的房间里，首先让她反省自己和平复情绪，并警告她不许再去欺负老人家。

十几分钟过去了，看她不再哭闹，我就进屋对她说："伊伊，我知道玩具被弄坏了，你很伤心对吗？"她十分委屈地点点头。"其实，如果爸爸的东西被别人弄坏了，我也会很生气的。"

听我这么一说，她马上反问我："你会怎么办啊？是不是也会打人呀？"

"伊伊，东西被弄坏了完全可以修好或者重新再买的。但是动手打人，很可能把别人打坏，却把东西打不好哟！打人是解决不了问题的，明白吗？"

"那应该怎么办呀？"

"这要看别人是否故意破坏的。如果是无意的，我们可以告诉他，别人的东西要珍惜，下次要小心。如果是故意的，我们可以要求别人修好或者赔偿。总之，就是不要随便出手打人。"

"那你觉得祖祖刚才是有意的还是无意的啊？"没想到她还是不肯认错。

"她可能是不小心碰到的吧！再说你们经常一起玩，她也很喜欢你的呀！怎么会故意弄坏你的玩具呢？"

"我觉得她就是故意的嘛！"听到这里，我才猛然想起前几天发生的事情。

"伊伊，你是不是还在为前几天妈妈批评你的事生气啊？"

"我才没有呢！"她噘起嘴巴嘟囔道，但很明显知道我在说什么。

"老人是需要得到每一个人尊敬的，因为我们都会有变老的一天。你想想，如果将来等你走不动的时候，别人也随便欺负你，你是不是会很伤心的啊？"

"爸爸，你别说了。我知道错了，以后再也不会欺负祖祖了。"她意识到我已经看穿她的心思，只好低头承认错误。

"这才是爸爸的好宝贝！"我也及时对她进行肯定和鼓励。

从那以后，我们就再也没有看到伊伊对老人家动手了，也很少对老人家做出不礼貌的举动。半年后，老人家因为不习惯这边的生活，又被接回老家去。等她真的离开后，伊伊还成天惦记着老人家，仿佛失去了一个好伙伴。

每个小朋友都会有这么一个阶段，喜欢通过拳头来表达自己的情绪，因为用身体表达远比语言表达来得更简单、更直接。家长要明白，这个阶段正好是我们引导孩子学会正确表达情绪的最佳时机。

如果我们不能及时、准确地告诉孩子，语言也是表达情绪的一种好方式，就会让孩子形成用身体直接表达情绪的习惯。

而不管是有意还是无意，家长都要让孩子认识到打人是不对的。

我们还可以让孩子回忆自己曾经被欺负时的滋味，唤醒孩子心中的爱心和同情心，让孩子学会换位思考。孩子的感同身受，永远比大人的苦口婆心更有效。

当孩子认识到自己的错误之后，还需要尽量引导孩子主动向对方认错。让孩子明白，虽然犯错是情有可原的，但学会主动道歉才是最棒的。

　　有两种极端的做法家长千万不能做：一种是责骂，甚至升级为"以暴制暴"；一种是默许，觉得孩子还小，不懂事，打了别人也没有太大关系，等他长大了自然就不会随便打人了。这两种极端的教育方法都不利于孩子健康成长，孩子长大后容易出现暴力倾向。

孩子爱比较，父母要引导

3岁左右的孩子，一般已经开始出现比较的心理，跟身边的小朋友比高比低、比好比坏。孩子的观察能力是很强的，他们也有自己的认知和评价系统。即使没有大人把他们与别人进行比较，他们也会不由自主地把自己和其他孩子进行比较。通过与别人的比较，他们会逐步建立起自己的参照体系，确定自己的位置。这种比较也是认识自我的途径之一。

在我们家里，我们的教育观念是以鼓励为主，但是伊伊在上大班的时候，有一天回家，突然无缘无故地问我："爸爸，为什么我没有蕾蕾长得漂亮呀？"

面对突如其来的发问，我一时无语，真不知道该怎么回答才好。心里开始犯嘀咕，一个五六岁的小孩儿，脑子里面成天都想些什么呀。

我也开始反思：难道我们平时犯了大忌，经常拿她和其他小朋友进行比较吗？

我认真回顾自己过去的言行，甚至平时家人的举动。仔细回想，也没有发现我们存在什么大问题。

在她的反复纠缠下，于是，我就这样跟伊伊说："在我们心中，你永远是最漂亮的宝宝。其实每个孩子在爸爸妈妈眼里都是最漂亮的。"然后还告诉她，每个孩子都有最漂亮的地方，比如有的鼻子长得漂亮、有的头发很漂亮，而伊伊的小脸蛋很可爱。

听到我这么斩钉截铁的回答，她也就不再追问，又开始跟我玩游戏。在那天的游戏中，我故意根据游戏内容，问她一些比较简单的问题，伊伊对答如流。在她回答完每一个问题之后，我都会来一句："伊伊真聪明！"

后来我发现，伊伊在幼儿园里还喜欢观察班上小朋友谁回答问题比较快、比较准，而她有时候不是反应最快、答案最正确的那个人。这时，她就会运用自己的认知和评价系统进行自我判断，会说诸如自己不如别人的话。

这就是孩子成长的特点，他们会通过比较了解自己的优势，从而转化为自己进步的动力。而如果在比较中，经常不满足于自己的位置，但是又暂时找不到超越别人的办法，那么就很容易对那些他们认为"比自己漂亮、比自己聪明"的小朋友产生嫉妒心理。孩子们的情绪是透明而真实的，他们不像大人那样善于掩藏自己的内心。

别看孩子们年龄小，他们在这方面的感知非常敏锐。如果不接纳孩子的这些情绪，不及时引导孩子调整自己的心态，这些不良情绪将会在孩子内心深处生根发芽。

作为家长，我们应该如何应对呢？

首先，我们需要因势利导，把爱比较的心理转化为孩子的成长动力。爱比较的孩子一般都喜欢争强好胜，往往还容易出现"怕输"的心态。作为家长，我们可以抓住孩子的这个心理特征，尽量利用孩子这种上进心和竞争意识，去调动他们的积极性，让孩子心平气和地跟别人进行竞争，培养"胜不骄，败不馁"的积极心态。

如果每个孩子都具备这样的阳光心态和竞争意识，那么孩子就容易找到前进的方向和动力，而不是陷入只比较而不行动的自卑情绪中。

其次，我们需要引导孩子接纳自己的缺点，学会欣赏别人。"三人行，必有我师。"每一个人，无论多么优秀，都有不及别人的地方；无论多么不显眼，都有别人值得学习的长处。作为家长，一定要健康地引导孩子的比较心理。

当我们发现自己的孩子爱比较时，我们需要引导孩子接纳自己的缺点，并且欣赏自己的优点，同时也要引导孩子学会欣赏别人的优点，并告诉孩子每个人都是有不足的。而不要处处都拿自己跟别人比较，更不要蔑视别人比自己突出的地方。我们还要引导孩子善于学习别人的长处，把别人做得好的一面吸收过来，弥补自己的不足之处，真正做到扬

长避短。

第三，我们不要轻易拿自己的孩子跟别人进行比较。不排除部分孩子喜欢跟别人比较，就是从父母那里学来的。有些家长，只要自己的孩子稍微不如大人的意，一个"别人家的孩子"，就总会挂在他们的嘴上，不经意间就脱口而出；这样，"别人家的孩子"阴影总是永远刻在孩子的心里，无论如何都挥之不去。

"别人家的孩子"在父母的眼中总是那么完美，即便不是那么完美，也总能从他身上找到自己孩子所没有的优点。他总是在自己孩子调皮捣蛋的时候适时出现，总是在父母互相攀比炫耀的时候准时现身。

所以，很多小朋友从小就一直有个邻居家的或者是亲戚朋友家的"好孩子"与自己做伴，他们相当优秀和乖巧，并且总是可望而不可即。

在这样的阴影笼罩下，很多小朋友常常自惭形秽，有的甚至破罐子破摔。家长的出发点可能是很好的，希望能够激励孩子奋起直追，我们还不惜把每个人的优点都提炼出来放在孩子面前，让他们跟自己身上的缺点进行比较，跟自己做得不好的地方进行比较。古人说"知耻而后勇"，很多家长大概也是希望孩子能够通过比较，认识自己的不足，从而努力改变，做得更好。

可惜的是，大多数时候，这往往是家长的一厢情愿。我们看到的更多结果是，孩子对自己的评价越来越低，或者质疑父母对自己的爱，甚至会反抗父母的一切安排。

我们在比较孩子之前，首先需要认清自己的差距。我们往往只看到自己的孩子与别人的孩子之间的差别，却看不到自己和别的家长之间的差距。孩子之间或许差别并不是很大，但家长之间的的确确是有差距的，这些差距往往并不是体现在学历和知识上的，而是体现在教育观念和教育智慧上的。

孩子的"坏脾气"，父母要用心对待

"六月天，娃娃脸，说变就变"，说的就是学龄前孩子情绪变化无常。进入中班以后，很多家长都纷纷反映孩子脾气大得不得了，专门用无理取闹来折磨父母，让父母感到筋疲力尽。我的一位朋友告诉我，盛怒之下他往往选择直接动手教训，结果发现孩子的坏脾气丝毫没有改变，反而愈演愈烈，所以只好又打了一顿。

每一个问题就是一个机会，对幼儿园的孩子家长来说尤其如此。学龄前的孩子自我意识不断发展，每天要应付那么多新鲜经历，身体还在迅速变化，乱发脾气其实是一种正常的情绪表达，因为他还没有掌握足够的表达和应付这种处境的方法。这个时候，如果家长能够用心对待孩子的坏脾气，帮助孩子学习理解和控制情感，会令孩子获益终生。

伊伊上中班后，有一段时间，常常会为各种小事情乱发脾气，蛮不讲理。比如冬天的上海湿冷，可是她偏要穿裙子去上幼儿园，她妈妈拗不过她，只能给她在裙子里面多穿些衣服，结果她又因套在里面的衣服紧绷不舒服而跺脚哭闹，最后导致迟到了。还有一次，她在临睡前大吵大闹要吃巧克力。我们不同意，她干脆一屁股坐在地板上，哭闹了十几分钟。为了改正她这个坏脾气，我和妻子尝试了很多方法，但是效果不理想，她能很快道歉，也会很快重犯。后来伊伊又养成了一个坏习惯，发起脾气来就咚咚地跺脚，结果楼下邻居去物业投诉了我们。妻子狠狠地教训了伊伊，伊伊却理直气壮地回答："那我感觉不舒服呀！我不跳就会觉得更不舒服。"为了让妻子平息怒火，我赶快把伊伊带到书房，关上门，随口说道："你不舒服，是不是因为今天爸爸妈妈忙，没有带你出去玩，你很失望啊？"我的一句话竟然让伊伊冲着我连连点头。我抱起她："不能出去玩的确是件令人失望的事。可是你为什么一定要跺脚呢？是要提醒爸爸妈妈注意吗？""嗯。老师有时候让我们注意听讲就会用力拍拍手，或是跺跺脚。"伊伊紧紧搂着我的脖子，因为我认同了她的感受，显得心情好转。于是我开始解释为什么不能带她出去玩，最后我问她："如果你可以等爸爸工作完，我可以陪你捉迷藏，或者是跳青蛙，你更想玩哪样？"伊伊认真地想了想说："跳青蛙吧。"然后她又补充道："那我可以在你旁边看图画书，等你工作完了吗？""没问题。"我的工作也正好要结束了。我拿起手边的便利贴，对她说："伊伊，这里有四种颜色，代表高兴、害怕、失望、愤怒四种情绪，如果你下次不能准确地表达自己的感受，你可以选择一种拿给爸爸妈妈，这样我和妈妈就能了解你的感受了，好不好？你也不用跺脚提醒我们了。""好！"伊伊郑重其事地把便利贴放进了口袋中。我接着告诉她："如果你自己感觉不舒服，也不能让其他人感觉不舒服啊！妈妈不是给你讲过一个故事，经常生气的青蛙，肚子容易爆炸的吗？爸爸可不希望伊伊的肚子因为生气，就像青蛙一样爆炸哟。下次你如果想发脾气，就试着念五遍'我不要做肚皮爆炸的青蛙'，一定会有帮助的。""真的吗？"伊伊睁大了眼睛，马上试了一次，然后笑嘻嘻地对我说："爸爸，你真了不起，我现在一点都不生气了。"经过一段时间，伊伊的脾气大有改观，不仅表达自己情绪、情感的方式方法越来越准确、丰富，而且还能想办法调整自己的情绪，在念五遍"我不要做肚皮爆炸的青蛙"基础上，自己创造了很多好玩的控制脾气的方法。有一次，外公、外婆因为买菜的事情吵起嘴来，她还赶紧把方法神秘地传授给她更喜欢的外婆。

孩子本来就不是一种完美的存在，在养育孩子的过程中，家长不要把孩子看成是麻烦的制造者。孩子乱发脾气时，家长首先要淡定，要尊重和珍视孩子的所有情感——包括负面情绪。因为所有的情感都是孩子内心的真实体现。不要试图和孩子讲道理，因为这时讲道理往往也是无效的。要帮助他们说出他们的感受，并一起寻找解决的方法。比如，针对伊伊为早晨穿衣服乱发脾气的情况，我们就把沟通工作放在头天晚上，告诉她跺脚或哭闹都是无济于事的，并让她自己提前选好适合第二天穿的衣服。如果她选的不适合，妈妈或外婆也会提前跟她商量，换成其他衣服。这样就可以避免第二天早上因为乱发脾气而导致上学迟到。

如果孩子依旧无理取闹，一定不能让孩子的耍赖得逞。要让孩子了解哭闹、发脾气是不可能让她达到目的的。其实，如果比较了解自己的孩子，也经常观察孩子，那么很多时候孩子的情绪是可以事先预估到的。如果知道孩子会在某些时刻发脾气的话，就可以把讲道理的工作做在前面。通过提前沟通，可以舒缓或释放孩子的情绪，甚至可以避免孩子的无理取闹。有些家长，有时会迫于孩子的吵闹，会无条件地满足孩子的所有要求，甚至毫无原则地妥协退让。慢慢地，孩子的哭闹就不再限于正常的情绪表达，而是变成一种胁迫。还有的家长，会采用暴力的解决方式，但大声责骂也好，动手打孩子也好，其实顶多能解决暂时的表面问题，并不能治本，只会让自己和孩子都陷入无尽的疲惫当中。以暴制暴的结局，不是让孩子变得懦弱，就是激起孩子的逆反心理，导致他面对绝对不可以做的事情时，也会义无反顾地去做。孩子是绝对不可能通过这些手段教育好的。

另外，检查一下孩子身边人的表现，如果遇到一点小事，你就发作起来，孩子可能学得最快。孩子就是一面镜子，很多行为习惯，无论好坏，都可以在家里大人身上看到影子。一个乱发脾气的孩子，家中一般都能找到一个"榜样"。当然，这个"榜样"不一定就是父母，也有可能是长期跟孩子生活在一起的祖辈。为了孩子的健康成长，我们应该减少夫妻之间、家人之间的争吵或打骂。

孩子在幼儿园不午睡，家长别紧张

伊伊在家里一直有午睡的习惯。但是入园一周后，我们没有想到，遇到的最大挑战，竟是她的午睡问题。老师向我们反映，只要一听到"小朋友，我们要准备午睡了"，女儿就会哇哇大哭，无论老师怎么劝说，就是不肯上床。这时，我才了解难怪女儿回到家里，没过多久，就嚷嚷着要睡觉，我们还以为是她在幼儿园玩累了呢。

以往女儿午睡，都是外婆陪着一起睡，而且临睡前还一定要外婆讲故事给她听，但是在幼儿园这显然是不可能的事情。不过我还是委婉地请求老师适当地安抚一下她，尽量帮助她午睡。那天我特意去接伊伊放学。在回家的路上，我装作很随意地问她是不是在幼儿园睡不着。女儿先是不吭声，最后哇地哭出来，边哭边告诉我她想妈妈，想外婆，不想去幼儿园了，因为老师每天都逼着她睡午觉。说实话，看着孩子小

111

脸上挂满泪珠，做家长的没有几个心里会好受。但是幼儿园只是孩子逐渐融入社会的第一步，对新环境的适应能力，决定孩子未来三年是否过得健康快乐。所以我明确地告诉女儿，幼儿园是每个小朋友都要上的，不过我们两个可以一起想想办法如何睡午觉。我提了几个办法，女儿一概摇头，她告诉我她什么都不要做，反正一到睡午觉的时间，她就是想哭。她噙着泪小心翼翼地问我："爸爸，是不是幼儿园不允许小朋友哭的呀？"

一个 3 岁多的孩子，特别在意老师说的每一句话。对于这个问题，如果我给出肯定的回答，孩子必然会压抑自己的情绪。这并不是我所乐见的。

于是，我对她说："我知道，伊伊睡不着会很难受，其实大人，比如爸爸妈妈，到一个陌生的环境也会有这样的感受。你是可以哭的，不过我希望伊伊哭的时候，能不能小声一点，不要影响到其他小朋友睡觉。哭了以后，伊伊还是要睡觉的，这样才能长高呀，你说对不对？"女儿似懂非懂地点了点头。

回到家里，我和妻子商量，都觉得需要给女儿一段时间，孩子对环境的适应是有一个过程的，我们不能着急，不能批评孩子，更不要逼她午睡，要让她自己慢慢习惯。于是我们在家里不再和女儿提及午睡的事，也没有强行不让孩子周末时与外婆一起午睡，因为这样做会给孩子造成心理压力，不利于她的适应能力培养。我们只是密切跟老师保持联系，经常询问她在幼儿园午睡的情况。

过了一段时间，老师告诉我们："伊伊现在还是会哭，但是偷偷躲在被窝里哭，哭着哭着就睡着了。她应该很快就会适应一个人午睡的。"

听了老师的这番话，我心里基本有底了。那天回到家，我不经意间跟女儿提起午睡的事情，告诉她老师在电话里表扬伊伊的进步了，并开心地把她搂在怀里。虽然她没有像遇到其他高兴事一样跳起来，但我能强烈地感受到她内心的那份喜悦。

不到一个月的时间，女儿完全习惯了一个人午睡，并且学会了自己穿脱简单的衣服。幼儿园老师还为此经常在班上表扬她，希望其他不爱午睡的小朋友能向她学习。据老师说，女儿的班上，还有几个小朋友午睡很困难，其中一个孩子在家里的时候，没有养成良好的午睡习惯，想什么时候睡就什么时候睡，结果老师和家长费了好大的劲儿，她才逐渐养成午睡的习惯。

小朋友上幼儿园午睡很困难，归结起来无非两方面原因：一是孩子对幼儿园的环境比较陌生；二是孩子在家尚未养成独立睡觉的习惯。

所以家长不必太着急，给小朋友自己一段适应的过程。这段适应的时间是长是短，往往取决于家长以及老师的态度和行为。和成人相比，小朋友的适应能力是很强的，他们在很多方面都是会主动适应和自我调整的。伊伊在上幼儿园之前，每天都会在白天固定的时间大便；但是上了幼儿园之后，则把这个时间自动调整到了晚上。伊伊给我们的理由是"我不会擦屁股"。由于不会擦屁股，所以她就主动适应和调整，这是我们家长从来没有告诉她这样做的。

当孩子在幼儿园遇到午睡不好等情况时，家长不要过度焦虑和紧张，更不要茫然失措。家长的焦虑和紧张，往往会影响孩子的情绪，让孩子陷入难以入眠的恶性循环。

首先，我们要理解和接纳孩子，尽可能减轻孩子的压力。孩子睡不着，他也不好受，无形中就会有心理压力，就会坐立不安，甚至吵吵闹闹。只有家长的理解和接纳，才能减轻孩子的压力。

其次，要及时跟幼儿园老师沟通，经常了解孩子的情况，并肯定老师的付出，尽量得到老师的支持。因为孩子午睡困难，会给老师增加很多工作量，只有相互的理解和信任，才能做好最大程度的配合，尽快帮助孩子提高适应能力。

最后，要尽量给孩子独立成长的空间和机会，在家里逐渐养成独立的好习惯。午睡不好的孩子，在家里多半也会有其他方面的习惯问题，而很多时候都是因为父母不肯对孩子放手，甚至不愿跟孩子一起"断奶"所致。在我们现实生活中，不愿意放手的家长并不在少数，很多父母包办一切，也有很多人把孩子看成自己的私有财产。深入分析，其实就是希望通过对孩子的控制来实现自己的占有欲，通过对孩子的依赖来获得自身的安全感，通过对孩子的呵护来寻找成就感。

而这一过程中，对于孩子在成长中的点滴进步，多给赞美和鼓励，通过掌声提升孩子的自信尤为重要。当孩子的进步得到肯定，你就一定会看到孩子取得更大的进步。

面对暴力，教孩子学会保护自己

有一天，伊伊放学后在小区玩，突然被一个小朋友追着打。怎么打起来的，我们大人都没有看到。当我看到的时候，那个孩子正用手劈头盖脸地打伊伊。

刚开始，我以为她们也就闹着玩一下，没有干预，同时也想看看伊伊会如何处理。伊伊马上用胳膊挡住自己的头，既不还手也不跑，更没有哭。我看那个孩子还没有停手的意思，于是大声喊道："不许打架！"

在其他小朋友的拉扯下，那个孩子终于住手了。我赶紧让伊伊离开现场，先表扬她很勇敢，然后问她受伤没有。她说没事，还把胳膊亮出来给我看，确实没有受一点伤。

然后我问她怎么没有想到还手，她告诉我说："爸爸，她太厉害了，我打不过。"我又问："那为什么不赶紧跑呢？"她说："后面就是墙壁，我也没法跑。"

我赶紧把孩子揽在怀里，轻声对她说："下次，你可以大声对她说，不许打人！"伊伊点了点头，似乎明白了下次应该如何应对。过了一会儿，她又开心地跑去和其他小朋友玩了。

有了这次经历，我发现伊伊在面对类似状况时已经逐渐学会如何保护自己了。当她再次遇到比较逞强的小伙伴想动手时，就会大吼一声："不许打人！"很多时候，对方听到伊伊的怒吼，反倒会吓得溜之大吉。

当然，也有个别小朋友是不吃这一套的，不管怎么吓唬，还是会勇往直前。如果遇到这样的小伙伴，伊伊就会采用三十六计中"走为上"，以后也会逐渐远离这个小朋友。

当孩子受到别人的欺负之后，内心一定很难受，也会觉得很委屈，甚至还会做出一些过激的行为。任何人的不良情绪，都是需要通过一定的管道进行发泄的。

面对孩子的这种情绪，家长首先要感同身受，接纳孩子。如果孩子能够第一时间感受到来自家长的温暖和抚慰，就会很快平复自己的情绪。

同时，我们也要引导孩子合理表达自己的情绪，不要压抑，更不要不分青红皂白就责骂孩子。部分家长经常会在孩子被欺负后，喜欢用"没出息"、"活该"等字眼训斥自己的孩子。这样既不利于孩子的情绪释放，还会打击孩子的自信和自尊。

如果孩子遇到总是喜欢动手的玩伴，我们就尽量引导孩子少跟他玩或不跟他玩，去找一些容易玩到一起的伙伴。

伊伊曾经有一个好伙伴是隔壁邻居家的孩子，因为都是小女孩，一开始她们很喜欢在一起玩，不是在我家，就是在她家。那个孩子比伊伊稍大几个月，一起玩的时候，却喜欢对伊伊发号施令。

大概 4 岁多的时候，这个孩子逐渐出现了爱打人的毛病。跟伊伊在一起的时候，只要伊伊稍微不听她的话，就会大声呵斥伊伊，有时候甚至还出手打伊伊。

伊伊每次跟她玩过之后，都会跟我们告状，一五一十地描述她是如何欺负自己的。刚开始我们也没有太当回事，以为是伊伊夸大其词了。

后来她再来我们家里玩时，我们就留意观察了一下，发现那个孩子确实喜欢争强好胜，对伊伊动手动脚。

再后来当伊伊向我们告状的时候，我和妻子就会利用这个机会告诉孩子，每个人的个性和习惯是不一样的，有些人就是喜欢占别人便宜或者欺负别人，爸爸妈妈不能随便教育其他小朋友，如果自己觉得跟别人合不来，不跟他玩就是最好的选择，远离这样的小伙伴就是对自己最好的保护。

从那以后，我们也开始限制伊伊主动去这个小朋友家里玩，但是不限制这个小朋友到我们家里来玩。孩子在玩耍过程中我们尽量不干涉，即使她们吵架，即使伊伊被欺负。玩耍结束以后，我们会跟伊伊聊聊想法，谈谈这个小朋友和她的其他朋友的区别，让她自己考虑还有没有更好的方式跟这个小朋友相处。

通过引导，伊伊自己开始意识到这个小朋友不是真正的好朋友。到后来，伊伊主动拒绝跟她一起玩。即使她来我们家，伊伊也爱答不理。一段时间以后，伊伊就很少再和她一起玩了。

作为家长，我们总是担心孩子吃亏，担心孩子受伤，也总是想代替孩子去解决本该由孩子面对的问题。有的家长看到自己的孩子被欺负，就会感觉孩子吃亏，替孩子愤愤不平。于是不管什么原因引起的，就怂恿自己的孩子动手回击，最好全部打回来。更有甚者，家长亲自上阵帮孩子还击，非把对方搞得鼻青脸肿才肯罢休。

作为家长，我们不要培养孩子的报复心理。即使别人家的孩子喜欢欺负人，也不要鼓励或默许自己的孩子采用以牙还牙的方式进行报复。这对孩子的身心发展不利。

最重要的是，家长千万不能以成人的眼光看待孩子之间的打架。小朋友之间在玩游戏时吵闹或争抢玩具是再正常不过的事。除非情况有些过激了，大人的适当保护或适当干预是必要的，但还是应尽量引导孩子学会自己面对和解决。

其实，每个孩子都是一个独立的生命，都有自己的生命能量，更有自己的成长轨迹。我们应该相信孩子有能力去面对，也有能力去解决自己的事情。"吃一堑，长一智"，只有在不断的经历和磨炼中，孩子的内心才会变得更强大，自我保护的能力才会得到提高！

我们不可能保护孩子一辈子，更不可能让孩子生活在与世隔绝的真空中。既然如此，与其抱怨和指责别人的不是，不如教孩子面对暴力

时如何保护自己。当孩子受欺负后，我们家长真正需要做的就是：给他一个温暖的怀抱，倾听他内心的感受，舒缓他受伤的情绪，引导他自己处理遇到的情况，避免再次受伤。

当孩子具备一定的自我防范意识和自我保护能力，虽然无法完全排除所有危险，但至少能够尽量把危险降到最低。

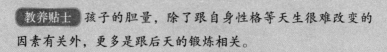

孩子的胆量，除了跟自身性格等天生很难改变的因素有关外，更多是跟后天的锻炼相关。

有意识地锻炼孩子的胆量

"我家妞妞 3 岁了，在家里活泼开朗能说能跳，可是到了幼儿园就不爱说话了，每次都要老师喊好几遍才答应，一点也不主动。孩子在家里和学校为什么会有这么大的差异呢？"其实很多家长都会碰到类似情况。孩子胆小，家长不要孤立地看待这个问题。

其实每个孩子从刚出生到 1 岁左右时，他们的胆子都很大，甚至比大一点的孩子还大。其中一个原因，就是这个阶段的孩子缺乏对事物的正确判断和认知，无知者就显得无畏。当然，不同的孩子，因为个性特征、教养方式等差异，他们所表现出来的胆量大小也不完全相同。

但是，由于现在很多家庭都是独生子女，家长总是对孩子放心不下，更不舍得孩子在成长过程中受到任何一点伤。我们在日常生活中脱口而出的"不要"、"别"、"当心"等字眼，往往传递给孩子的却是恐惧。

家长过度担忧，就会剥夺孩子历练胆量的机会。

我们小区有个小女孩，小名叫可可，比我女儿大几个月，小时候经常跟伊伊在一起玩耍。虽然同为女孩，但伊伊的胆子明显比可可大很多。比如，伊伊能轻松跨过去的地方，可可总是小心谨慎，甚至不敢尝试；伊伊敢去摸的小动物，可可总会躲到她的身后才敢去看。

可可的胆小令我很吃惊。于是，我一边仔细观察，一边经常同她的外婆聊天。从老人家的口中，我基本上证实了自己的判断，孩子胆小的罪魁祸首就是家长对孩子的过度呵护。

原来，1岁多的时候，可可不小心从小区的滑梯上摔下来，脸上划了一道几厘米长的口子，大约1年左右，伤痕才逐渐消失。

从此以后，为了孩子的安全，家里的大人就再也不允许可可去做任何可能带来危险的事情。即使到四五岁时，看着同龄小伙伴开心地溜冰、玩滑板车、骑自行车，可可也只能做一个旁观者，而且大人也从来没有给她买过这些玩具。

其实，从孩子学走路的经历，我们便可以看出孩子并不是天生就胆小的。那个时候的家长大多也是愿意放手的，不会因为担心孩子摔跤就因噎废食，不让孩子学走路。在放手让孩子蹒跚学步的过程中，我们也知道如何做才是对孩子最好。

当然，除了家长存在教养方式的问题之外，孩子胆小也跟自身的性格特征和心理素质有关，经常会因为对新环境的不适应、对陌生事物的不了解，从而产生恐惧情绪。

很多时候我们会发现，孩子在家里喜欢上蹿下跳，胆子非常大，当换一个新环境时，就像变了一个人，不吭声，也不乱动。在逐渐熟悉周围的环境后，孩子就会慢慢放开，胆子相应也会变大。比如孩子刚入园，需要一段时间接触周围的小伙伴，需要一个过程适应新的环境和老师；孩子到亲戚朋友家做客，刚开始总会黏着大人，熟了之后才能自如。

孩子的胆量，除了跟自身性格等很难改变的因素有关外，更多是跟后天的锻炼相关，这就需要家长在日常生活中，在保障安全的前提下，舍得放手，多给孩子创造一些锻炼胆量的机会。

比如外出旅行就是孩子锻炼胆量的好机会。在旅行的途中，孩子到了陌生的环境，碰到很多陌生的人。当孩子经历多了之后，对陌生环境的适应能力就会逐步增强，胆子也会越来越大。

同时，在旅行中，我们要鼓励孩子多玩新奇的东西。只要达到旅游景区的游乐项目所要求的年龄段，就要多鼓励孩子去尝试，越是刺激的项目，对他的锻炼越大。

伊伊 5 岁时，我们带她去香港迪士尼乐园，陪她一起玩太空飞船。在玩之前，我对她能否经受住可能的惊吓，心里完全没底。玩的过程中相当惊险，伊伊吓得大哭大叫。但她已经坐上去了，就没有任何退路，只好坚持到底。没有想到，下来之后，我们大人都感觉头昏目眩，她却若无其事。

经历过这次之后，我逐渐发现她对很多惊险刺激的游乐项目不再那么恐惧。后来，幼儿园组织秋游，到一个公园玩海盗船，陪她一起玩的妈妈都很害怕，女儿反倒不怎么害怕。玩了一次还嫌不够，吵着还要再玩一次。

鼓励孩子多跟陌生人相处，孩子的胆量也会逐渐得到锻炼，同时孩子的人际交往和沟通能力也会得到很大的提高。在孩子的成长过程中，不可避免会遇到各种各样的人，也会遇到大大小小的挫折与困难，家长需要让孩子尽早学会自己适应与面对。

父母尤其要鼓励孩子跟更多的小朋友一起玩，结交更多的好伙伴。大多数家庭目前都只有一个孩子，整天在家很孤单。我们从小就经常带伊伊出去跟小区的孩子一起玩，也经常带她跟我们的同学和朋友的小孩一起玩，所以她现在有很多好伙伴。

此外，从很多家长跟我交流的情况来看，导致孩子胆小，还有一个原因就是孩子的独立性不够，对大人的依赖过多。这就需要家长从小注重培养孩子的独立性，让孩子自己面对和解决很多问题，胆量自然就会增加。

在成长的过程中，孩子需要自己学会很多自我生存的技能和本领。唯有如此，孩子才能逐步成长为一个独立的人，有一天才能独自迈入社会。

> **教养贴士** 分享是一种能力。引导孩子学会分享，其实也是在训练孩子的人际交往能力，更是培养孩子社会性的一个重要方面。

引导孩子学会分享

分享是一种能力，引导孩子学会分享，其实也是在训练孩子的人际交往能力，更是培养孩子社会性的一个重要方面。

陪伊伊走过幼儿园 3 年，我认为培养孩子的分享意识是非常重要的，关于这个话题，不管是电视节目，还是育儿书籍都提供过非常实用的建议，看似问题能迅速得到解决，但在现实生活中，真正需要的时间要长得多。我们从小就很注意培养伊伊的分享意识，当她很小的时候，还需要我们帮助分配时，比如大家围坐在一起吃水果的时候，我们就会告诉她要先拿给外公、外婆和爸爸、妈妈。等到她开始学会自己分配了，她会主动给大家分水果，在吃的过程中，她还会把自己的分给大人："这个很甜的，爸爸最喜欢吃，给你多吃一点。"我们一直认为伊伊的分享意识足够让她适应幼儿园的生活，与小朋友们快乐相处，入园以

124

后很长一段时间，伊伊也果真被老师认为是分享意识非常强的孩子。但是升入中班以后，有一阵，伊伊每天回到家里都闷闷不乐。在我们的耐心询问下，伊伊愁眉苦脸地告诉我们，幼儿园里很多小朋友都不愿意和她一起玩，连最要好的朋友蕾蕾也找别人去玩了。这个出乎我们的意料，因为据我们了解，伊伊在班里人缘一直是比较好的。

我们不知道为什么会出现这样的问题，正好伊伊所在的班举行公开课，家长可以旁听，我参加了这次活动。公开课结束后，是孩子们的自由活动时间，孩子们争先恐后地跑到自己喜欢的区角里玩耍，伊伊选择和一位名叫涛涛的小朋友一起用积木搭房子。涛涛的房子少个屋顶，于是他跟伊伊商量："你的积木借我玩一下好吗？"伊伊摇摇头，表示不愿意。涛涛又提议用自己的积木和伊伊交换，这回伊伊同意了，但是她拿了涛涛的积木后，却不想把自己的积木借给涛涛。涛涛非常生气地对她说："那你把我的积木还给我。"伊伊坚决不还。涛涛二话不说就冲过去抢伊伊手中的积木，两个人眼看就要打起来了。我马上过去拉开他们，涛涛委屈地向我告状："叔叔，伊伊不肯借我积木玩，还把我的积木拿走了。"伊伊理直气壮地说："积木是幼儿园的，大家都可以玩的呀。""既然你知道积木是幼儿园的，是每个小朋友都可以玩的，为什么不肯给涛涛玩呢？"我问伊伊。伊伊似乎认识到了自己的问题，低下头想了好一会儿才说："我就是不想借给他。"在我的劝说下，伊伊很不情愿地将积木借给了涛涛。

回到家里，妻子听完我的讲述，百思不得其解，她不明白伊伊为什么会变成这个样子。我告诉她，原因很简单，伊伊之所以能够在家里具有很强的分享意识，是因为她与家庭各成员之间感情亲密；而幼儿园对她来说，则是一个小的社会环境，并且小朋友们的发展情况各不相同，不是每个孩子都喜欢分享，而同龄人之间是很容易彼此影响的。我们现在要做的事情并不是强迫孩子立刻改变，而是要让她在成长过程中慢慢体会分享的重要性，所以不用急躁，只要循序渐进地进行就好了。强制孩子，只会适得其反。

那天晚上临睡前，我问伊伊："你希望一起玩的小伙伴越来越多吗？""当然。"伊伊毫不犹豫地回答。"如果今天你没有把积木借给涛涛，你认为他下次还想和你一起玩吗？"伊伊迟疑了一下，然后摇了摇头，但马上又说道："可是也有小朋友不借给我想要的东西呀。""那你喜欢和她一起玩吗？"伊伊没吱声，过了一会儿，小声说："可是我还没有玩够呢。"这也是成人与孩子之间的差别，很多被大人冠以"小气"、"自私"等道德标签的行为，其实在孩子的心里，可能只是"我还没玩够、这可是我的最爱"等简单的意思。所以，家长在鼓励孩子分享的时候，一定要从孩子的角度去考虑问题，把自己当成孩子，先用心体会他们的感受，再去引导他们。

我对伊伊说："原来是这样。那么下次你打算怎么办呢？"伊伊想了一下说："我让他和其他小朋友去换，嗯，要不然我就让他挑其他的积木。""这个想法不错。还可以怎么处理呢？如果涛涛有了你的积木块，他的屋顶就搭起来了。""那让他等一会儿，等我搭完了再给他。"我赞许地点点头。作为家长，我们一定要把握好适度原则。是否跟别人分享，这应该是孩子自己的事情，家长不要代为决定。如果逼迫孩子分享，这样做的后果，很可能会导致孩子下一次分享更难。

发生这件事后，我和妻子周末经常会请几位小朋友来家里玩，或是带着伊伊去参加家长之间组织的亲子活动，想办法创造机会让她和更多的小朋友一起玩耍，在复杂的小环境中了解分享的快乐与重要性。有一天从幼儿园回来，伊伊兴奋地告诉我她和几位小朋友一起用积木搭了一座城堡，她还把自己最喜欢的屋顶积木借给了蕾蕾。"为什么呀？"我好奇地问她。她不假思索地回答道："因为蕾蕾用上那块，她的房子变得特别漂亮！"我和妻子相视而笑。我们相信从此时开始，伊伊真正地学会了分享。果然没过多久，伊伊又成了小朋友喜欢一起玩的对象，每天傍晚我去接她时，都有小朋友央求伊伊和他再玩一会儿。

分享能力在任何年龄都可以学习和提高，但是 6 岁之前是学习和发展的关键期。所以无论如何，家长要最大程度地利用好孩子幼儿园阶段的一切机会。据研究，2~3 岁，是孩子自我意识的萌芽期，他们开始关注自我，出现以自我为中心的现象。如果这种倾向过于严重，到了 4~5 岁，甚至 6~7 岁，还停滞在这个阶段，就会成为孩子成长中的一个问题。所以家长培养孩子分享意识，首先不能过度保护孩子，让孩子形成以自我为中心的习惯。在引导的过程中，还要注意避免拒绝孩子的分享，当孩子主动跟大人分享时，有些家长希望把最好的东西全部留给孩子，尤其是祖辈。当拒绝的次数多了以后，孩子就会把独占当成习惯，认为这一切都是理所当然的。孩子不会在一朝一夕改变，但是只要我们家长用心观察，就能找到适合孩子的方法。

学会和老师有效沟通，父母才能走出焦虑

"我家女儿4岁，在幼儿园上小班，有次我看见老师很凶地批评一个小朋友'你每次吃饭都最慢，最先吃却最后一个吃完'，把那个小朋友都吓傻了。老师这样对待孩子是不是太严厉了？如果被凶的是我的孩子，我该怎么跟老师沟通呢？"

一旦孩子离开了自己的怀抱，上了幼儿园，类似的事情对家长来说，就像一颗定时炸弹，唯恐哪天就炸在自己孩子的身上。而那些经常曝光的有关体罚、虐待孩子的新闻，更让家长感到心惊胆战。有位妈妈曾经在微博上说："每天幼儿园放学的时候，看到孩子快乐地走出来，我就感谢老天又给了孩子美好的一天。"这是所有家长的心声，原因很简单，我们都不希望老师的一言一行会给孩子幼小的心灵带来伤害，影响孩子健康快乐地成长。

但是当今社会，总有些老师有意无意之间会做出一些让孩子难以承受、家长难以接受的事情，甚至有可能给孩子带来心理阴影。而作为家长，往往敢怒不敢言。最大的顾虑就是，如果直接向老师提出来，老师可能会觉得没面子，甚至无法接受，最后可能会采取一些对孩子的报复手段。

我和伊伊妈妈是伊伊班上家委会的成员，接触并协助家长们处理了一些类似的事情。在我看来，如果发生事情，第一时间跟老师进行正面沟通很重要。我所说的正面沟通不是指责、抱怨、发泄，而是有效的沟通。其实很多问题都是可以通过有效沟通来解决的。最重要的一点是家长要坦诚，这样老师才会更真诚。

伊伊上大班的时候，幼儿园组织了一次秋游。幼儿园要求所有小朋友都要参加，家长则自愿陪同。伊伊妈妈认为女儿已经是大班的孩子了，应该尽量让她独自前往，锻炼一下她的独立能力，却没有考虑到全班 30 多个孩子，只有 3 位老师，势必需要有部分家长参加，协助老师工作。而作为家委会的一员，她应该报名参加。那次自愿参加的家长很少，老师忍不住向她流露出些许抱怨和指责。妻子起初觉得很委屈，也有些不高兴，她认为学校下发通知的时候就应该讲清楚，需要家长配合。但是转念一想，她也能够理解老师的担心，每个孩子都是家长的心肝宝贝，秋游和在幼儿园不同，老师们心里其实压力都很大。于是她很坦诚地跟老师讲了自己当初的想法，并提出如果需要的话，她仍旧可以报名参加。虽然已过报名期限，但老师还是很高兴地帮她争取了名额。

有时候，当我们面对一些学校和老师的做法时，心态会被大众影响，而社会大众的心态往往也会决定整个社会的情绪。如果大部分人都感觉到恐惧和焦虑，那么整个社会就会形成更大的恐惧和焦虑；如果一部分人都在抱怨和指责，那么整个社会就只剩下阴暗和愤怒；如果大部分人都能思考我们可以做点什么来改变，那么整个社会就可以取得哪怕一点点的进步！

无论是恐惧和焦虑，还是抱怨和指责，其实都无济于事。为了孩子的健康快乐成长，我们最需要做的事就是探寻所有问题的解决之道。也只有这样做，我们才能真正走出恐惧，减少焦虑。

孩子在成长过程中，一定会遇到很多不如意的事情，甚至遭到不公正的对待。这些不如意和不公正，既可能来自学校和老师，也可能来自社会和家庭。这也是孩子社会化过程中必然要自己面对的，家长不可能精心呵护孩子一辈子。遇到这些情况，家长要学会适当放手，引导孩子自己面对和想办法解决。一旦孩子的适应能力得到锻炼，他的心理承受能力和免疫能力也会随之提高。如果我们的孩子逐步成长为一个独立性强、健康快乐的孩子，我们其实就不用担心孩子无法承受，也不需要家长过度呵护。

我自己虽然没有做过老师，但曾经管理过上百人的教师队伍，包括大学老师和中小学老师，深知一线老师最希望得到社会的认可和家长的尊重，在他们眼里，这些比学校加薪和家长送礼更为重要。据我所知，幼儿园老师其实是非常辛苦的，工作节奏和压力或许只有业内人士才能感同身受。作为家长要换位思考，理解和包容老师。我不止一次听不同的老师说过，他们的最大心愿就是希望家长给予更多的支持和配合，比如平时协助幼儿园督促孩子养成良好的习惯，参加学校组织的家长会等。

在跟老师沟通问题之前，首先要肯定老师对孩子的付出，赞赏老师做得好的地方。毕竟任何人都乐意接受别人的溢美之词。这样可以融洽交流的氛围，减少老师的防备心理，舒缓双方的情绪，为后面的沟通做好铺垫。

其次，需要注意沟通的技巧，以免产生更大的误会。同样一件事情，不同的表达方式和言辞，带来的效果是完全不同的。大多数时候，我们都可以采用比较委婉的方式跟老师沟通，很多问题点到为止即可，老师都是聪明人，很容易明白家长的想法。如果遇到一些棘手问题，希望老师提供一些建设性的办法，一定要用请教的口吻跟老师交流，一般情况下老师都不会拒绝帮助你。

再次，因地制宜地选择沟通的方式和渠道。如今，家长跟老师的沟通渠道应该是很多的，比如电子邮件、QQ、短信、电话、微信、当面沟通等，可以根据不同的情况选择不同的沟通方式。不同的沟通方式，可能带来的结果也会不同。

最后，还需要注意选取合适的沟通时间。一般来说，老师白天的工作时间都比较忙，没有太多空余时间跟家长细聊。如果事情并不紧急的话，建议家长选在晚上 8 点以后或者周末给老师打电话或发短信等。当老师时间充裕时，也会更愿意与家长深入交流。

如果正面沟通后发现老师问题还是很大，可能影响孩子的身心成长，家长可以通过以下方式来处理：第一，找到学校领导反映情况，希望得到领导的关注；第二，提出调换班级的要求，给孩子换一个新环境；第三，为孩子重新选择一个幼儿园。但是，无论我们采取什么措施，都要做到把对孩子的伤害尽量降到最低。

教养贴士 如果遇到老师对自己孩子有负面影响，家长一定要理性对待，充分信任自己的孩子，并正确引导孩子思考和判断，不要让孩子在心理上留下阴影。

家长要学会"对抗"老师的负面影响

在孩子的心中，老师的地位是至高无上的，老师的话语是举足轻重的。尤其对于幼儿阶段的孩子来说，更是如此。因此，老师的每一句话和每一个举动，都可能给孩子带来积极或消极的影响。

伊伊上大班的第一学期，有一段时间突然变得有点反常，强烈要求外婆每天早上 6 点半叫她起床。深秋的上海已经颇有寒意，外婆心疼孩子，想让她多睡一会儿，7 点 15 分才叫她起床。幼儿园要求 8 点入园，这个时间起床完全来得及。结果，伊伊大发脾气，说外婆不守信用，没有及时叫她起床。经过一番了解，我们才知道，老师最近在班上表扬了一个小朋友早上不赖床，每天都是 6 点半起床。对于幼儿园的孩子来说，老师的每一句话无疑是"最高指示"，所以伊伊决定向老师表扬的那个孩子学习，每天都不赖床，最好也是 6 点半就起床，于是才有了这样一番举动。

后来，我就跟她解释，老师这样说，其实是为了表扬这位小朋友不愿意迟到，希望其他小朋友也不要迟到，而不是表扬他6点半就起床这个行为。只要伊伊每天都不迟到，同样会得到老师的鼓励和表扬。听我这么一说，伊伊有点恍然大悟，答应下次不再吵着6点半起床了。

但是我一个朋友的儿子问题就不这么容易解决了。他儿子去年9月开始上小班，一个学期都快结束了，孩子还是每天吵着不愿意去幼儿园。大多数孩子入园一个月左右，基本上就能适应幼儿园，一个学期下来就应该喜欢上幼儿园了。朋友告诉我，这是因为在一次画画课上，孩子画得不好，被老师狠狠批评了一顿，后来连续几次，老师在收小朋友的画的时候，都对他儿子说："你这幅画画得不好，我不要了。"于是，孩子变得不愿意画画，最后发展到不愿意上幼儿园。当我朋友跟老师沟通这个情况时，老师告诉家长，这是孩子的畏难情绪。但他感觉正是因为之前老师的负面评价和生硬拒绝，让孩子在心理上产生了抗拒，甚至导致厌学情绪。

这位老师关于孩子画画的一句话，很可能是无心说出口的，甚至在我们大人眼中会觉得是无关痛痒的一句话，但孩子的理解可能就会变成"我没有画画的本领"、"我不会画画"、"我就是画不好"等负面的诠释。这就导致孩子对自己失去了正确的判断，也失去了对画画的信心，进而还对上学产生抵触。

作为家长，如果遇到老师对自己的孩子有负面影响，一定要理性对待，并正确引导孩子，不要让孩子在心理上留下阴影。

首先，充分信任自己的孩子。当孩子遇到老师不当对待时，我们不要再火上浇油地跟着打击孩子，当然也不用当着孩子的面抱怨和指责别人的不是，而是要坚定地站在孩子一边，多为孩子鼓掌和助威，尽力恢复孩子的信心。同时，在日常生活中，当孩子能够独立完成一些事情时，我们也要尽可能多表扬孩子的努力和结果。

我们要相信自己的孩子和其他孩子一样，都能够完成他这个年龄阶段可以完成的事情。家长的信任，就是孩子最好的慰藉。我们的信任同样可以减少老师对孩子的伤害，也可以帮助建立他的自信，维护他的自尊。

其次，引导孩子学会独立思考和判断。幼儿阶段的孩子，尚不完全具备独立思考和自我判断的能力，往往对大人说的每一句话、做的每一件事都会不假思索地深信不疑。因此，从小培养孩子的独立思考和判断能力就显得尤为重要。

我们经常跟伊伊说，大人也有犯错的时候、也有说错话的时候，包括老师和家长，大人也不是每句话和每件事都是完全对的。所以，当我或者她妈妈犯错的时候，都会诚恳地向孩子道歉。这样做，就是让她明白没有人是永远正确的，也鼓励她更多表达自己的想法。虽然，老师的影响非常大，但我们通过自己的言行告诉她一个道理，"任何人都有说错话、做错事的时候"。

最后，及时跟老师进行沟通。家里和幼儿园的环境完全不同，特别是对于刚入园的小朋友，还处于适应期，孩子的各种情绪都在逐渐调适过程中。

　　如果家长能够经常了解孩子在园的情况，并及时跟老师反映孩子的相关问题，老师也可以及时掌握孩子的具体情况。这样就能把问题解决得更早，处理得更到位。

　　如果家长通过自身努力，仍然无法跟幼儿园的老师进行有效沟通，并影响到孩子的健康成长，那么转园也不失为保护孩子的一个选择。

送礼只是为了表达感谢

"家有即将入园的小朋友，周末老师来家访，朋友建议送卡送礼。纠结中啊，我该怎么办啊？"一位家长在我的微博私信里发出这样的求助信息。

每当新学年即将开始或者每逢重大节假日的时候，总会有很多家长为此纠结。

"孩子上学，家长真的需要给老师送礼吗？"这是一个颇具争议的问题，同时也是一个端不上台面的话题。在这样一个礼仪之邦，无奈的社会现实往往会让很多家长茫然无措。

几年前，伊伊即将入园时，对于如何迎接老师家访、要不要给老师送礼等这些家长第一次需要面对的难题，我也曾经咨询过不少身边的朋友，更为"究竟送不送礼"这个问题纠结过很长一段时间。

帮我出主意的朋友们，给出的答案既有 YES，也有 NO，而赞成和反对的比例也相差不多。这倒着实让我为难了一把。但经过深思熟虑之后，我还是做出了一个大胆的决定，不给老师送礼。当时比较简单的想法就是，我们要相信老师的尊严、相信人性的善良。

家长给老师送礼，很多时候并非出于感谢，而是有所企图或者迫于无奈。

在送礼的这部分家长中，有些人是为了让老师对自己孩子多点照顾，所以千方百计在第一次与老师见面或者重大节假日的时候给老师送礼。

但也有部分家长并不是为了让老师对自己的孩子多加关照，而是担心其他家长都送了，如果自己不送就感觉没有面子，甚至担心老师会给自己的孩子"穿小鞋"。

其实，对于是否给老师送礼，我们不必太纠结。如果我们自己的孩子是一个能够自理的孩子，完全无须通过贿赂来让孩子得到额外的照顾。即使我们的孩子是一个自理能力不强的孩子，家长也希望在幼儿园让孩子得到更多的锻炼，所以也无须通过贿赂来让孩子得到老师过多的关照。

我是不赞成给老师送礼的，尤其是送卡送钱。虽然送礼已成为这个功利社会的常态，也是人之常情，但我觉得教育领域相比其他领域，更有必要保持一方净土。

可能有人会有顾虑，其他家长都在给老师送礼，如果自己不送，老师就会优先照顾送礼的孩子，对自己的孩子不好。但从我女儿上幼儿园的情况来看，家长的这些顾虑都是多余的。

伊伊入园两年多来，我们从来没有给幼儿园的老师送过任何形式的礼。但所有老师都很喜欢她，也从来没有给过我们任何脸色看。或许有家长会说，那是你们幸运，碰到了好老师。

但我要说的是，天底下的老师从本质上来说都应该是好老师，否则就不配做老师。很多时候的送礼，其实都是家长送得心不甘、情不愿，而老师也是收得心不安、理不得。

孩子入园，既是对家长的考验，更是对孩子的挑战。对于习惯了"一切围着我转"的家庭生活，突然之间，需要面对两三个老师照顾几十个小朋友的学校生活，孩子们的心理落差很大。同时，很多事情在家里都有人代劳，到了幼儿园却不得不学会自己解决，比如吃饭、穿衣、洗手、如厕等。此外，还得学会跟同龄小朋友之间的相处，学会同学之间的互相帮助和照顾等。

这就对孩子的独立性、自理能力、人际交往能力、合作意识等方面，提出了一定的要求。所以，需要家长在入园之前注重对孩子的教育和习惯的培养。

如果自己的孩子是一个独立性强、健康快乐、懂得尊重和分享、懂得平等和责任的孩子，我们还用得着担心孩子无法自理、需要老师额外关照吗？

家长从小就注重培养孩子的健全人格，在生活中教孩子如何做人，这比等孩子长大了给老师送礼重要得多。从这个意义上来说，现在的送礼或许就是家长在赎过去的罪。

人们常说，教师是太阳底下最光辉的职业。作为老师，从内心来讲，绝大多数人更希望得到家长的认可和尊重，并非收受家长的礼品和礼金等物质性的东西。

任何人都不可能是十全十美的，老师同样也不例外。对于老师的优点和长处，家长在跟老师交流的过程中，需要给予更多的肯定和鼓励。来自家长的肯定，会进一步激励老师做得更好。而对于老师的缺点和不足，家长也需要给予更多的包容和理解。

教育孩子，绝不仅是学校和老师的任务，需要家庭和学校的共同参与、分工协作。作为老师，内心都希望所有家长给予更多的支持和配合，比如平时督促孩子的作业、参加学校组织的家长会或亲子活动、孩子有事无法到校上课事先请假等。家长的支持和配合到位，老师在学校工作也会更加省心，这比给老师送礼更能赢得老师的尊重。

毋庸置疑，并不是所有老师都不看重物质。目前的教师队伍中，老师的素质也是千差万别的，并不排除少数老师会因为不送礼而给家长脸色看，或者给孩子"小鞋"穿。

遇到类似情况，就会对家长和孩子的心理带来很大的冲击。这就需要家长和孩子都具有强大的内心，能够承受老师的冷落。说到底，无论家长还是孩子，只要做好我们自己，只要内心坚定，大可不必随波逐流，也不必计较有些老师的厚此薄彼。

当然，我们也不要全盘否定给老师送礼的行为。关键是家长送礼的目的，如果纯粹是为了表达对老师的感激之情，并非把送礼当成一种贿赂的手段，也就无可厚非。给老师送礼，只是为了表达感谢，而不是为了收买。

其实，老师的工作并不是很多人想象的那样轻松和舒适，尤其是幼儿园老师以及中小学老师。如果纯粹是向老师致谢，老师收得就会更加心安理得，而不是诚惶诚恐。有些老师收到家长或学生的礼品后，甚至还会回礼，感谢家长和学生。

伊伊升入大班时，她以前最喜欢的一位老师被调到了其他班级。得知消息后，伊伊为此伤心落泪，对原来的老师依依不舍。虽然老师们平时对她都挺好，但是我们此前却从未给老师送过任何礼品。

为了感谢这位老师对女儿的付出，伊伊妈妈去超市买了一盒几十块钱的巧克力，让孩子亲自把这份心意交给老师。我们还很真挚地写了一封感谢信，表达家长对老师的感激之情。

当老师收到礼物后，非常高兴，立即给我发短信表示感谢，同时还回送给伊伊一件小礼品。

类似于这样的情况，与其说是给老师送礼，还不如说是朋友之间正常的礼尚往来。只要我们跟老师成为朋友，无论家长送什么礼物，老师都会很开心，因为老师感受到的是家长的认可，而非看重礼物的价值。

教养贴士 家长和孩子不能本末倒置，不注重生日的本来意义，而是关注礼物的价值大小，最后演变成相互攀比，甚至乘机炫富。

不要让"生日礼物"成为负担

有一天，刚一进门，伊伊就迫不及待地跑过来把手中的四孔小口琴递给我看："爸爸，今天有个小朋友过生日，送给我们每人一个小口琴。你听，我已经学会吹了。"然后就手舞足蹈地开始用这个口琴进行表演。

伊伊上小班的时候，班上同学的家长已经开始流行给孩子在幼儿园过生日了。大多数家长都会在孩子生日当天，送一个蛋糕到幼儿园，让老师分给小朋友吃。听说，在很多孩子的要求下，生日蛋糕也越来越大，甚至大到小朋友们吃不完。

伊伊快过 5 岁生日的时候，我征求她的意见，问她是否需要在幼儿园过生日。伊伊没有多想，就给了肯定的答复，还希望带一个生日蛋糕去跟班上的小伙伴分享。

接着，我跟她说："爸爸同意给你买一个蛋糕带到幼儿园，但你要答应爸爸两件事：第一，不买非常大的蛋糕，因为老师提醒过，蛋糕太大了，小朋友会吃撑的，然后就吃不下午饭了；第二，每次过生日，你都会有蛋糕吃，如果你这次把生日蛋糕带到幼儿园，家里就不会再买蛋糕了。"伊伊点头同意。

生日的前一天，我们就把蛋糕订好带回家，伊伊看到后非常兴奋，时不时地会跑过去瞅两眼，早早地盼着跟小朋友一起分享这份喜悦。

生日当天，伊伊如愿以偿。那天，她从幼儿园回到家，显得特别开心，并跟我们炫耀，今天收到很多小朋友的祝福。其中有一个小朋友的祝福，让全家人乐了很久。

当时正好是电视剧《甄嬛传》红遍大江南北的时候，于是，有个小伙伴给女儿的生日祝福是："祝伊伊万福金安！"伊伊虽然还不能完全明白这句祝福的准确含义，但她依然非常喜欢这句话，还根据电视里面学来的动作，连说带笑地比画给我们看。

从伊伊当时的言语和表情中，我感受到了孩子的无限喜悦。这个生日，应该会给她留下美好的记忆。而同学的生日，也逐渐成为伊伊翘首以盼的一个重要日子，因为每次都会有小小的惊喜。

后来，幼儿园老师建议家长，如果要在幼儿园给孩子过生日，最好换其他方式。因为孩子们都喜欢带生日蛋糕去幼儿园过生日，有时候可能一连好几天，班上的小朋友都会吃生日蛋糕。这样的高热量高糖分的食品，吃多了其实对孩子们的身体不太好。所以，生日蛋糕就逐渐被各种小礼物所取代。从那以后，伊伊带回来过面具、棒棒糖、贴纸、小口琴等各种小玩意儿，一般价值都在几块钱以内。

因为老师引导得好，一般很少会有家长互相攀比，基本上都是适合孩子们玩的或吃的小礼物。

但是，我也曾听到网友在微博里向我抱怨："女儿又要快过生日了，真不知道该准备些什么礼物送给班上的小朋友。现在家长们在孩子过生日时，都会为班上的同学买点礼品，而且越送越贵。"

也曾听一个朋友说过，上小学的女儿的生日会，有同学送的礼物居然是好几百的名牌童装。她开始犯愁，下一次等这个同学过生日的时候，该买什么礼物把这份人情还掉。

我觉得，当送礼演变成为家长和孩子的沉重负担的时候，生日就已经失去了本身的意义，也偏离了加深同学友谊的初衷。因为大家送的时候不是心甘情愿的，收的时候不是心安理得的。

因为孩子之间的礼物越送越贵，无形中的攀比甚至炫富之风，不光给很多家长带来巨大压力，还可能助长自己孩子的攀比和炫富心理，也可能伤害其他孩子的自尊。这样的生日，不过倒比过好。

所以，要不要给小朋友过生日，互相之间要不要送礼，其实都不是根本问题。最根本的问题是家长和孩子不能本末倒置，不注重生日的本来意义，而是关注礼物的价值大小，最后演变成相互攀比，甚至趁机炫富。

所以家长首先不要因此纠结，摆正心态，才能更好地引导孩子如何去做。

在我们家也经历过一次送礼物的烦恼，是伊伊 4 岁生日的时候。伊伊正好要去医院打预防针，当天没有去成幼儿园，就邀请了小区里的好伙伴到家里来吃蛋糕。伊伊当天也收到了好几份礼物，其中她最喜欢出手一向阔绰的可可的妈妈送的标价 800 多元的一套童装。我们不经意间向她透露了这套衣服很贵，一定要好好爱惜。因此，她也就一直记住这套衣服是可可的妈妈送给自己的。

当可可过生日的时候，我问伊伊想给她送什么生日礼物时，她没有多想，毫不犹豫地回答："当然是买贵的啦！你不是说，上次她送给我的衣服很贵的嘛。我们要买比她更贵的呀！"这个答案让我有些诧异。

"反正还有好几天时间，那让爸爸妈妈再考虑一下吧！"不得已，我只好使用这个缓兵之计，伊伊也同意了。

看来，这么小的孩子已经学会攀比了。此事引起了我的注意。伊伊的回答着实让我犯了难，如果买个便宜的，是否会让大人和孩子没面子；如果买个贵的，是否会助长孩子的攀比心理。

左思右想之后，我还是决定买个几十块或者 100 多块钱的礼物送给可可。主要是考虑不希望孩子们从小就互相攀比。同时，这个小朋友的家长本来收入也比我们高，相信他们也不会太计较礼物的价值大小。

过了两天，我陪伊伊玩的时候，借机跟她商量礼物的事情："伊伊，你觉得别人送给你的礼物，是价钱贵的好呢，还是自己最喜欢的好呢？"

她毫不犹豫地回答："当然是自己最喜欢的啦！贵的东西，如果不好玩，还不如不送。"

正如我所料，伊伊开始慢慢往我挖好的"陷阱"里面掉了。于是，我接着她的话继续问："那你知道可可最喜欢什么玩具吗？还有四天，她就要过生日了，爸爸需要提前准备啰！"

"我知道，她最喜欢滑板车了。不过前几天被她弄坏了，现在不能滑了。"

"要不，我们就给她再买一辆吧，正好作为生日礼物送给她。"

"好啊！那你明天就去买。一定要记住，千万别忘了啊！可可是我最好的朋友，我可要给她一个惊喜的。"

听到这里，我知道自己的计划已经大功告成。第二天，我赶紧去商场花了100多块钱买了一辆看上去不错的滑板车。拿回家，伊伊看了很满意。

生日那天，我们送给可可，她高兴得跳了起来，迫不及待地就在客厅里面滑了起来。一场关于生日礼物的纠结，在我的精心策划下，就这样很快过去了。

其实，幼儿园的小朋友，甚至中小学生，无论在家里还是学校，过生日的形式应该大于内容。吃了什么、收到了什么礼物并不是最重要的，重要的是让孩子们感受人与人之间的温情，学会分享快乐，学会感恩和祝福。

当孩子们可以动手制作礼物时，如果自己为班上同学制作一个手工、画一幅画等，其实才是最好的生日礼物。

美国心理学博士黄维仁提倡，每个家庭，都应该有自己的"珍珠时刻"，"珍珠时刻"能帮助成员体验爱，表达爱，并成为疗伤的良药，和拉近亲密关系，修复亲密关系的法宝。

学校作为孩子们的一个大家庭，也可以利用同学的生日，让孩子们享受这样的"珍珠时刻"。当然，举行仪式也好，互送礼物也罢，最重要的是感情的连接，而不是收到的礼物，更不要形成相互攀比的不良风气。我们常说的"礼轻情意重"，就是最好的注解。

PART 4

让孩子变成有能力的天使

　　每个孩子都是一个独立的生命，都有自己的生命能量，更有自己的成长轨迹。幼儿时期正是培养孩子良好习惯和生活自理能力的关键阶段。

　　家长要善于从各方面引导孩子，让孩子成为自己的主人，变成有能力的天使。

教养贴士 孩子从幼儿园中班开始，就对时间慢慢有了感觉。这个时候，我们需要让孩子逐渐养成重视时间的良好习惯，培养他们自己管理时间的规则意识。

让孩子学会管理时间

有位妈妈向我咨询，如何改掉孩子做事磨蹭的坏习惯。她告诉我她儿子几乎每天去幼儿园都迟到。即使她比平时早半个小时叫他起床，结果照样会迟到。她担心长此以往，孩子会养成非常不好的拖延习惯。幼儿园阶段还好办，学校和老师一般不会太计较孩子上学迟到这件事。但是孩子以后上小学了，该怎么办？

我大概问问她孩子的日常作息，发现她儿子其实每天的起床时间跟伊伊差不多，都在 7 点半左右。穿衣服需要 10 分钟左右，刷牙洗脸一般需要 20 分钟左右。接下来吃饭，这是令这位家长最头疼的地方，因为需要的时间永远无法预计，短则 20 分钟，长可达 1 小时以上。一旦有什么不如意的地方，孩子就会拒绝吃饭，然后家长就必须苦口婆心地跟孩子讲一通道理，直到孩子高兴了才会吃饭、上学。个别时候，甚

至还会采用"逃学"的方式来对抗。因此，对于他来说，迟到就成为家常便饭。久而久之，幼儿园的老师和同学们都习以为常了。

做事拖延，没有时间管理意识，即使在成人世界中，也是一个杀伤力很强的坏习惯。善于管理时间的人，总能高效地完成任务并取得良好成果。反之，则会引发一连串的不良后果，尤其是当人们的"拖延"行为影响到自己的情绪时，如出现强烈自责情绪、强烈负罪感，不断的自我否定、自我贬低，伴生出焦虑症、抑郁症、强迫症时，就已经患上了心理疾病，心理学家称之为"拖延症"。

孩子性格塑造的最佳期是在幼儿早期，所以家长要重视幼儿时期对孩子良好习惯的培养。我告诉这位妈妈，孩子养成这样的习惯，首先是家长的问题。我们要知道，孩子爱拖延的一个重要原因，就是缺乏时间观念和规则意识。其实，从幼儿园中班开始，孩子就对时间慢慢有了感觉。这个时候，我们就需要让孩子逐渐养成重视时间的良好习惯，培养他们自己管理时间的规则意识。

我们是在女儿两岁多的时候，开始注重培养她时间观念的。比如每天晚饭后到小区里面玩耍，出门前我们都会指着手表，告诉她，比如当短针到哪里，长针到哪里，我们就得回家。如果是我单独带她出去玩，半个小时后，或是她妈妈，或是外婆就会出来找我们回家。后来伊伊还总结出来，如果是外婆叫她回家，她可以比妈妈叫她多玩一小会儿，因为虽然都是半个小时，可是外婆没有妈妈走得快。等她大了点，我们还特意给她买了一只钟表模型，挂在她的房间，临出门前，我们就会帮助她把时间确定好。有时候到时间了，她会气喘吁吁地跑回家，想

看看是她赢了，还是时间赢了（她把自己提前回来当成是自己赢了）。绝大多数时候，伊伊都能按时回去，偶尔她耍赖，我就会让她选择如果遵守约定，明天还可以出来玩；否则就不能出来玩了。我常常看到小区里有很多家长，无论使用什么招数，都很难把孩子按时叫回去。究其原因，要么是孩子一次又一次的哀求，冲破了家长的心理底线；要么是家长一次又一次的退让，毁掉了孩子的时间观念和规则意识。这样做，对培养孩子的时间观念与规则意识，可以说是有百害而无一利。就拿小学来说吧，学校和老师对于纪律和秩序都会比较重视。所以，为了孩子今后能够更好地适应小学的学习，在幼儿园阶段，我们就需要逐步培养孩子的时间观念和管理能力。

首先，对于幼儿园小班的小朋友，因为还不会看钟表时间，所以孩子们一般是没有太多时间观念的，这个时候，应该让孩子对时间有个基本认识，了解过去的时间是不能回来的，并对昨天、今天、明天等不同的时间概念有个大致理解。

其次，可以逐步教孩子认识时钟，让他们对每天的时间有个大概的认识。同时，还可以告诉他们每天什么时候该吃饭、什么时候该睡觉、什么时候该起床和上学等。这样，他们就会对人们每天的作息规律有初步的了解。

最后，家长在跟孩子一起做游戏或玩耍的时候，可以一次约定一个时间段。这样可以让他们逐步认识到 1 分钟可以做些什么事情，10分钟可以做些什么事情，1 个小时可以做些什么事情。久而久之，孩子们就逐渐学会珍惜时间，并意识到失去的时间是不能重现的。

　　当孩子对时间有了一定的认识后，我们就可以逐渐培养孩子在时间上的规则意识。我们可以在日常生活中，经常和孩子约定做一件事的时间，比如玩电子游戏，可以约定从什么时间开始、玩到什么时间结束。在约定过程中，可以让孩子自己当裁判，亲自下令开始和结束。比如看电视的时候，可以让孩子先决定看多长时间，然后让他自己监督自己，如果超过时间家长再督促。

　　有一次，我和伊伊约好玩半个小时的游戏，伊伊爽快地答应了。在游戏过程中，她会主动关注过去了多少时间；当半个小时到了，她也会主动结束游戏。这令我感到其实孩子是很愿意遵守时间和规则的，只要家长稍加引导，孩子一定会做得很好。

　　当孩子开始做一件事情的时候，我们不仅要让孩子认真去做，还可以让孩子自己预计完成这件事情需要的时间，让他们知道每个人的时间都是自己的，当自己的事情认真完成后，剩下的就是自由支配时间，可以自行安排。

　　另外，很多时候，孩子喜欢拖延，也和父母的管教方式是密切相关的。当孩子意识到父母对自己的爱是有条件的，只有做好父母要求的事情，达到父母制定的目标时，他们才有可能被爱。这个时候，拖延就会成为一种工具，孩子通过把事情完成的时间拉长，来享受父母在完成过程中对他的体贴、照顾，使自己那些被允许的部分得以维持，尽量让结果来得更晚一点。

　　所以，对待已经开始拖延的孩子来说，首先要让孩子感受到父母的无条件的爱，这个是基础。只有孩子内心不存在恐惧，才能正视不完

美的结果，而不惧怕去完成一件事情。

　　我们要让孩子有选择的余地，不把我们的选择强加于孩子，我们需要尊重他的选择，但是如果他进行了自主的选择，就一定要完成。我们要让孩子知道，他才是这件事情的主人，他必须对此负责，不能有所依靠，父母没有办法帮助他完成。孩子一旦成为时间的主人，做事效率就会很高，也就不会养成拖沓的坏习惯了。

教养贴士 孩子在年幼时经受一些失败，遇到一些挫折，拥有"输得起"的心态，孩子的心理承受能力就会逐渐提高，面对失败的勇气就会不断增强，应对逆境的经验就会日益丰富。

孩子"输得起"，才能"拼得赢"

人们常说："失败是成功之母。"如果一个人没有失败过，没有学会怎么面对失败，没有学会在失败中重新站起来，他的人生也不可能顺利地走向成功。孩子的未来人生也一样，既会有顺境，也会有逆境。所以在孩子年幼的时候，如果能让他们经受一些失败，遇到一些挫折，拥有"输得起"的心态，孩子的心理承受能力就会逐渐提高，面对失败的勇气就会不断增强，应对逆境的经验就会日益丰富，

伊伊上大班后，有一段时间，突然爱上了"剪刀、石头、布"的游戏，而且还想出很多新玩法来，比如不用手，用脚，甚至还把身体趴在地上（这个玩法很有创意）。只要看到我们有时间，就一定会缠着我们陪她一起玩，而且还必须分出胜负，如果赢了，就兴高采烈；输了，

则会不高兴，有时还会耍赖皮，甚至发脾气。一次，因为外婆连赢了她三次，她竟对着外婆大喊大叫，一个人怄了大半天的气。

和大人一样，即使是幼儿阶段的孩子，也会争强好胜，渴望获得成功、渴望得到认可。只不过，成熟的大人，有时候会把这种强烈的欲望掩盖起来，给人低调从容，"胜不骄，败不馁"的良好印象。可是，对小朋友来说，他们是藏不住的，无论喜怒都会形于色。输时伤心、赢时开心的情绪，是很自然的情感流露，也是一种正常的情绪表达。只不过，这个时候家长的态度就变得非常重要了。比如有的家长会立刻对孩子进行批评，有时候还会语带威胁地说："宝宝，你不可以这样。如果你老是输不起，下次就没有人跟你玩了！"还有一种家长，比如伊伊的外婆，后来经常故意在游戏中输给伊伊，她的说法是本来游戏就是快乐的事，干吗让孩子不高兴呢。再说，如果孩子总是输，说不定以后做事情就会缩手缩脚，没有自信了。

这两种方式，不管哪一种方式，其实都不是最好的处理方法。没错，我们的出发点都是好的，都希望孩子在游戏中培养良好的个性，但是第一种家长的做法会压抑孩子的情绪无法正常表达，久而久之，孩子会对自己自然流露的情绪感到紧张、恐惧，长大之后也可能会封闭自己的内心；而另外一种，会让孩子混淆竞争游戏的公平性，容易养成完全以自我为中心、自以为是的个性。

自从发现伊伊这种"输不起"的心态后，我们有意安排了各种竞争性的游戏。当然绝对不选依据成人优势就轻而易举获得胜利的游戏，这样孩子才有胜利的机会。在跟伊伊玩各种游戏的过程中，我们很少会

157

刻意地输给她。而且，我们在游戏中也会正常表达自己的情绪，赢的时候，我们会很开心；输的时候我们也会很沮丧，但是，我们马上就会进行自我正面激励："这次输了没关系。再来一次，一定会赢！"为了让伊伊首先了解什么叫作正面激励，学会调节自己的情绪，了解输赢并不重要，比如玩"剪刀、石头、布"的游戏时候，我故意输给了她。先是痛苦地捶胸顿足，伊伊乐得前仰后合；接着我握紧拳头叫道："付小平加油，加油！下次一定战胜伊伊。"结果没想到连输了几次。每一次我都很沮丧，但又马上振作起来。最后一次时，伊伊忍不住说："爸爸，我让你赢一次好了。"我摇摇头："那多没劲啊。要赢我一定得靠自己的努力。"后来吃饭的时候，我在饭桌上大肆说了一下刚刚的比赛，但是我的重点放在了表扬自己"输得起"的心态。看着我乐呵呵的样子，伊伊偷偷对妈妈说："爸爸真没出息，输了还这么高兴。"她妈妈说："因为刚才爸爸和伊伊玩得很高兴啊。再说了，也许下一次他就能赢了。就是输了，你爸爸还有别的本事呢，你瞧，他可以让自己的耳朵动。"我立刻动了几下耳朵，伊伊看得目瞪口呆，嚷着让我教她。

不过，要让孩子真正拥有"输得起"的心态，能够正面激励自己，学会调节自己的情绪，还需要家长的耐心培养和等待。每逢伊伊玩游戏输了，沮丧甚至耍赖的时候，我们就会问她："你喜欢玩这个游戏吗？"伊伊点点头。我说："那我们就接着玩啊。说不定下次你就赢了。"如果她还是不高兴，我们就说："那你还想不想继续玩这个游戏呢？"如果伊伊耍赖说不玩了，我们就很遗憾地说："真可惜，这个游戏多好玩啊。这样吧，等你想玩而爸爸妈妈又有时间的话，我们再玩。"然后我们果断地各自去忙自己的事了。有时，伊伊会央求外婆陪她玩。外婆说："不行啊，外婆也忙着呢。你去找爸爸妈妈吧。"如果我们有时间了、可以和她一起玩了，我们也绝口不提刚才发生的事情，只是尽情地投入到这次玩耍中。渐渐地，伊伊"输不起"的心态发生了改变。有一次，我和她玩剪纸的游戏，看谁剪得快、剪得好。由于她经常练习，所以一直遥遥领先。在我有些垂头丧气的时候，伊伊就会跟我说："爸爸，加油！你不是告诉我不要怕输的吗？多练习练习，你就会赢的。"听到她用我经常说的话来鼓励和安慰我，我暗自欣喜。看来，通过我们的正面引导和言传身教，伊伊已经不再一味看重比赛的结果，而是学会了相信自己只要坚持不懈就有赢的希望。这样，当她输的时候，就会坦然接受；当她赢的时候，也会多一份淡定。

当然，孩子"输得起"心态的培养，一定来自家长对她的支持和关爱。不管在什么情况下，家长都要相信自己的孩子会往好的方向发展，都能包容孩子在成长过程中遇到的问题，并帮助孩子解决这些问题，且不要指责，能无条件地爱孩子，不管他取得成功还是遭遇失败。如此，孩子就能从这些关爱和支持中获得动力，帮助自己走得更远、更好。

孩子玩电子游戏，宜疏不宜堵

经常都会有很多网友问我怎么对待孩子玩电子游戏这件事，希望我能提供一些建议。很多家长，自己很想买 iPad 等电子产品，但是因为害怕孩子沉迷于游戏，非常纠结，迟迟不敢买。

确实，对于游戏，尚不完全具备自控力的孩子是无法抗拒的。很多游戏，也是经过精心开发设计的，充分抓住了孩子和成人都喜欢玩的心理，否则这些游戏公司早就关门大吉了。

对待这些电子产品、对待孩子玩电子游戏，我的看法是：

第一，不允许孩子沉迷于电子游戏。 如果孩子长时间沉迷于电子游戏之中，就容易上瘾，很难再把他们的瘾戒掉。这跟吸毒一样，一旦成为"瘾君子"，就很难自拔。所以，家长不要轻易鼓励和默许孩子痴

161

迷于电子游戏。

　　我曾经看到过这样一幕，邻居家一个 6 岁的小朋友，一边吃饭一边玩 iPad，而母亲却没有阻止孩子玩，反而还追着喂饭。当时我就想，这样的家长是不是在引导孩子沉迷于游戏中呢。果不其然，当孩子进入小学以后，仍然热衷于电子游戏，无论怎么管束，都无济于事。当然，学习成绩一直垫底。

　　第二，转移孩子的兴趣和注意力。引导孩子走出家门，寻找更多有意思的事情。

　　如果孩子每天的闲暇时间全部被电子游戏占据，这个时候家长就要当心了。我们应该让孩子认识到还有很多比电子游戏更有意思的事情，同时也要为孩子创造更多的机会去接触电子游戏以外的世界。

　　孩子为什么容易沉迷于电子游戏？大多时候是孩子觉得无聊，觉得没有更好玩的事情，其根本原因是没有人（家长或同龄伙伴）陪伴所导致的。

　　家长要多花心思和时间陪伴孩子，帮助孩子形成多方面的兴趣、爱好。如果等到孩子已经把玩电子游戏作为唯一的爱好，问题解决起来就困难得多了。

　　第三，充分发挥电子产品的其他功能。既然孩子容易沉迷于电子游戏，家长是不是就干脆不让孩子接触电子游戏，甚至不让接触电脑或任何电子产品呢？这种办法最简单，可能家长也会认为最有效，因为抓

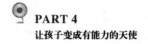
的是源头。

我以前的一个同事，女儿已经上初中了，家里一直不买电视、不装网络。我听说后感觉很诧异，问他为什么。他告诉我说主要担心孩子看电视、上网会影响学习。但后来却是，女儿一有空就会到邻居家看电视或到网吧去上网。

一味禁止不现实，而且对于孩子来说，越是禁止的东西，他们越是要去尝试。堵截是无法让孩子与电子产品绝缘的。与其这样还不如让放手，引导孩子正确认识电子产品，游戏只是电子产品一个很小的功能，它还是我们认识世界、改变生活的重要工具。

第四，约定玩电子游戏的规则。由于孩子的自控力和约束力不够，需要大人适当进行引导和管束。但我们不可能随时随地看着孩子或者跟着孩子，所以，跟孩子一起商定玩电子游戏的规则就很重要。如果规则制定得很好，孩子也遵守得很好，我们就大可不必担心孩子沉迷于游戏之中。

对于孩子玩电子游戏的规则，我们可以从以下几个方面约定：1.大人对于游戏内容需要了解，如有色情、暴力的内容，绝不允许孩子涉足；2.讲好每一次游戏的时间，比如半小时到一小时，并严格遵守；3.玩游戏之前，必须先完成作业；4.未经许可，不能随便到外面去玩游戏；5.不让幼小的孩子单独使用电脑或其他电子产品，尽量在父母的视线之内。

第五，家长以身作则。要想孩子不沉迷于电子游戏，家长首先需要控制自己的游戏瘾，不玩或者少玩电子游戏，做好表率。家长的一举一动无形中都会影响孩子。

有一段时间，妻子特别喜欢玩 iPad 中的一款游戏。刚开始，伊伊会凑过去看妈妈打游戏，到后来，她也看会了，就要求玩。我们没太在意，就同意她玩这个游戏，只是每次不能超过半小时。

最初，伊伊基本上能遵守约定，到时间会主动退出。可是几天后，她就迷上了这款游戏，当我要求她到时间就退出时，伊伊跟我说："妈妈每次都可以玩很久，为什么我就不能啊？"

我终于知道症结所在了，于是跟妻子商量，每天不要打太长时间的游戏，并把伊伊的话转告给她。妻子也意识到自己那段时间有些痴迷于游戏，接下来的几天，都注意控制自己的游戏时间，也告诉伊伊不能超过妈妈玩的时间。伊伊很快就又能遵守当初的约定了，每次玩游戏仍然不超过半小时。

教养贴士 我们大可不必担心孩子过早接触大人眼中的"铜臭"，相反，如果你不教孩子金钱的知识，将会有其他人取代你来教育孩子的。

让孩子学会理财

一项调查显示，在中国家庭中，有 60% 的家长没有给子女进行过理财教育。在绝大多数家庭中，家长很少正面跟孩子谈论金钱问题。家长往往不愿意让孩子过早接触金钱，孩子的日常开支基本由父母操办。这样就导致许多孩子"财商"不足，缺乏正确的理财观念和对金钱的正确认识。

财商是指一个人在财务方面的智力，即理财的智慧，反映一个人认识金钱和驾驭金钱的能力，主要包括两个方面的能力：一是正确认识金钱及金钱规律的能力；二是正确应用金钱及金钱规律的能力。

中国人在传统上，其实对理财是很重视的。"开源节流"四个字，主要概括了理财的精髓。"节流"告诉我们要注意控制成本；"开源"告诉我们要注重赚更多钱。改革开放以来，我们越发重视金钱和理财，但是很多人却不是驾驭金钱，而是被金钱所驾驭了。

但是在国外，家长从小就会对孩子进行财商教育。

在美国，孩子被号召从小储蓄。儿童的理财教育从孩子很小的时候就开始了，同时也得到了美国政府的重视。由美国教育部资助，全国的中小学生都可以参加"为美国而储蓄"计划。

美国儿童理财教育主要来自家庭和学校。从孩子踏进幼儿园起，孩子们就开始接受有关理财的教育。在美国，鼓励孩子打工是教会孩子处理财务的重要手段之一，美国每年大约有 300 万中小学生在外打工。另外美国人常常将自己不需要的东西拿出来拍卖或者捐赠，而小孩也会将自己用不着的玩具摆在家门口出售，以获得一点收入，剩余物品则捐给慈善机构。

在英国，三分之一的儿童有银行账户。英国人的理财教育是提倡理性消费，鼓励精打细算，并且把他们这种理财观念传授给下一代。在英国，儿童储蓄账户越来越流行，大多数银行都为 16 岁以下的孩子开设了特别账户，有三分之一的英国儿童将他们的零用钱和打工收入存入银行和储蓄借贷的金融机构。英国政府近年又公布了一系列新的教学改革计划，根据这一系列计划，从 2011 年秋季开始，储蓄和理财将成为英国中小学学生的必修课。

而中国家长仍然处于重视提高孩子智商的阶段，财商教育少之又少。我一个朋友的孩子已经 10 岁了，从来没有自己花过一分钱，没有单独买过一件东西，当然也就更没有零花钱了。孩子对钱的认识，只是初步停留在面额的数字上。

被应试教育捆绑的学校教育，更缺乏这方面的教育，但也有部分学校会开设类似的课程。去年我曾经作为全世界最大、发展最快的非营利教育组织——JA 的志愿者，到上海的一所中学去讲授《青年理财》，深受学生欢迎。

由于学校缺少理财教育，我们就只能从家庭开始。其中，最简单的办法就是定期给孩子一笔零花钱，让孩子自己保管、自己记账、自由支配。

伊伊在 5 岁的时候，我们给她准备了一个记账本，每个星期给她 5 元零花钱。每周六是固定发放零花钱的日子，零花钱是否发放以及是否足额发放，主要根据她的账本与现金是否匹配。如果账本上的数字和现金吻合，就发她 5 元现金。如果不吻合，则要进行扣款，连续 3 次以上不吻合将停止发放一周。花了近一个下午的时间，她基本上弄懂了哪些开支需要从零花钱里面出、账本该如何记。

刚开始时，伊伊拿到零花钱会很开心。因为对钱的多少还没有概念，她经常兴高采烈地拿着自己的小钱包，问我们："我想喝鸡汤了，是不是要把钱给外公，让他买？我从幼儿园回来吃了个馒头，是不是要给外婆钱？周末去公园，我要不要出钱……"

最初的几天，伊伊在每天一支棒棒糖、每天一次游艺机的潇洒生活中很快花光了她的零花钱。还没到周六，她又想买气球了，我说："可以，你现在有钱了，用自己的钱买吧。"伊伊开始发脾气，说："你给的钱根本就不够的，太少了。"

我暗自惊喜，她对钱终于有一点感觉了。最初她拿到钱时，还到处炫耀她认为的一大笔资金，还跟外婆夸下海口，说以后外婆没有钱了，就找她要。才过去不到一周，她就明白了5元钱实在不够自己花。

接下来的日子，伊伊开始学会精打细算她的小金库，想吃好吃的就鼓动妈妈买，想玩游艺机就鼓动爸爸去掏腰包。自己开始捂紧钱包，准备攒钱买个大玩具。而且她还知道，钱多了可以生钱宝宝，定期会有利息。

可是存钱的速度还是太慢了，而且由于几次记账不清，还被扣了零花钱。伊伊开始抱怨，什么时候才能实现自己的愿望。

有一天，她突然问我："如果我帮外婆洗碗，可以给我钱吗？"原来她开始知道要"开源"了。我说："不可以，因为洗碗是家庭成员应该分担的事情，是分内之事，不能用金钱来交换的。但你可以想想其他办法，把你喝的饮料瓶收集起来也是可以赚钱的。"

于是，为了早日实现自己买大玩具的梦想，伊伊又开始苦苦存她的零花钱，也开始收集家里的旧饮料瓶和旧报纸。因为我们已经告诉她，每年只在特殊的时间才会给她买玩具，一是过生日，二是过"六一"，再加上圣诞老人的礼物。每年只有这三个特殊的日子，礼物才是可以免费获得的，其他时间购买的礼物就需要动用她攒下来的零花钱。

除了给孩子零花钱，让孩子对金钱有基本认识之外，我们还需要尽量提供机会让孩子接触一些基本的理财常识。我们有时候去银行取钱或存钱，也会把孩子带上。

首先让她知道银行是干吗的，自动取款机是怎么吐出钞票来的。去了几次之后，她对银行有了初步的认识。后来我们有意识地问她，如

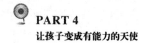

果爸爸妈妈没有钱了怎么办，女儿脱口而出："去银行取啊！"

我们需要鼓励孩子自己购物。让孩子通过自己购物，加深对金钱的认识，同时也可以培养独立自主的意识和能力。从伊伊 3 岁左右开始，当她提出购买零食或玩具的要求时，我们都会把钱给她，鼓励她自己去杂货店购买。刚开始，孩子会比较胆怯，需要大人在旁边陪着。几次之后，她就完全可以自行挑选和付款了。

通过理财教育，我们还要培养孩子的节约意识。如果孩子从小对钱没有正确的认识，长大后就容易大手大脚地花钱。这不能怪孩子，因为他们缺少这方面的培养。

每次去超市或商场买东西的时候，伊伊会提出买这买那，我们一般会规定一次只能买一样东西，因为带的钱不够买太多东西。久而久之，孩子也会逐步养成节约的意识，有时候我们买贵点的东西时，她还会主动说这个太贵不要买了。

金钱本身没有善恶之分，更没有黑白之分，只有对金钱不当的认识和驾驭，才会带来邪恶，甚至招致灾难。所以，我们大可不必担心孩子过早接触大人眼中的"铜臭"，相反，如果你不教孩子金钱的知识，将会有其他人取代你来教育孩子的。

罗伯特·T.清崎的这段话，足以给家长应有的警醒："如果要让债主、奸商、警方，甚至骗子来替你进行这项教育，那恐怕就会付出一定代价了——金钱是把双刃剑，越来越富裕的生活本身不会对孩子有害，但是如果缺乏正确价值观的指导，金钱常常扮演着'罪恶之手'的角色。"

小心呵护孩子的童心

去年 12 月，距离圣诞节越来越近的日子里，伊伊越来越忙。她在离圣诞节还有 9 天的时候就开始看着日历进行倒计时，并且忙不迭地为平安夜的节目做准备。她为全家人准备了两支舞蹈、一首儿歌、两个绕口令，还有一个小故事。

她这么热切地期盼圣诞节，当然因为自己最大的愿望，是能够亲眼看到圣诞老公公。外公最近在看一档关于梦想的电视节目时，顺嘴问伊伊："你最大的梦想是什么呀？"伊伊毫不犹豫地说："我希望能看到圣诞老公公。"

因为孩子有期待，所以那段时间，妈妈、外婆、外公制约她的法宝就是，如果伊伊不听话，万一被圣诞老公公知道，他给伊伊的礼物可能就不会准时送达了。

从女儿一岁多开始，每个圣诞节我们都会为她精心准备一份礼物，当她圣诞节早晨起床，就会惊喜地发现圣诞老人送来的礼物，并且一定是自己最期盼的东西。每次收到礼物，她都会感慨圣诞老人怎么如此了解她，总是"雪中送炭"。当然，此前她也从来没有对这个从未谋面的可爱老人表示过任何怀疑。

不过，就在去年圣诞节临近的一天，伊伊从幼儿园回来，突然很认真地问我："我们班上有同学说，圣诞老公公是人扮演的，是假的。爸爸，他们说的是真的吗？"

我不知道其他家长面对这个问题的时候会如何作答。究竟是干脆借机解密圣诞老人，还是延续这个美丽的谎言呢？

当伊伊问这个问题的时候，我不知所措，从来没有想到这个年龄段的孩子就已经开始质疑圣诞老人的真实性了，大多数孩子都是到了小学阶段才知道真相的。

在没有想好答案之前，我想先把她的注意力转移到猜测今年圣诞节到底会收到什么礼物这个话题上，但是没有成功。

在她的一再追问下，我坚定地告诉孩子："伊伊，世界上真的有圣诞老人。他住在遥远的极地，每年都会根据每个小朋友一年的表现，为孩子们派发不同的礼物。爸爸给你讲个故事，你就知道了。"

我赶紧翻出了最近刚买的绘本《极地特快》，从头讲到尾，始终告诉她只要我们相信圣诞老人，他就一定会把礼物及时送达。听罢，她似乎又坚信圣诞老人的存在了。

然而就在那个圣诞节的前四天，差点又被她揭穿了圣诞老人的秘

密。伊伊妈妈给她准备的圣诞礼物，放在书架的最上面，还跟很多书摆在一起，不小心被她看到了礼物的侧面，因为图案很显眼，就是她梦寐以求的用来做汉堡包的橡皮泥。

她立即要求我拿给她看看。在这紧急时刻，我和妻子开始演起了双簧。我赶紧跟她说那是爸爸刚买的办公用品，伊伊妈妈也赶快想办法转移孩子的注意力，让她去卧室玩一个很好玩的游戏。

等她离开书房后，我以迅雷不及掩耳之势把那个礼物藏了起来。而伊伊因为跟妈妈玩游戏很尽兴，当天就没有再问起过这件东西。但过了一天，她突然又想起了那个玩意儿，问我怎么不见了。我告诉她，爸爸拿到办公室去了，之后她也就没有再细问。总算有惊无险，我们又一次蒙混过关。

有人认为，即便我们告诉孩子也没关系，反正总有一天他们会知道这个秘密。但我认为，圣诞老人的秘密多保留一天，在孩子的心中就会多一份期许。对于孩子来说，多一份期盼就是多一份希望，多一份梦想，更多一份童真。

每当圣诞节来临时，伊伊就会跟我说，她每天都会在入睡前默念自己期盼的礼物，希望圣诞老公公能够听见；而我一个朋友的孩子，则是把自己的愿望写成一封信，寄给圣诞老公公。

然而，伊伊去年的那个圣诞节注定不会很太平。就在她兴奋地收到圣诞礼物的当天，幼儿园的一位老师却在班上告诉孩子们，世界上没有圣诞老人，礼物都是家长买的。

那天，伊伊从幼儿园回到家，立马打电话给我，很生气地质问：

"爸爸，你们骗人。老师说圣诞老公公是假的，我的礼物就是你们买的。我那天在你们书房看到的东西，是不是就是今天收到的礼物啊？"

突如其来的问题，再次让我犯了难。来不及细想，我在电话里赶紧安慰女儿："伊伊，世界上真的有圣诞老公公的，你的礼物确实是他昨天半夜送来的。我还听到他的脚步声呢。爸爸妈妈不会骗你的。关于圣诞老人的故事，我晚上回家再跟你讲讲，好不好啊？"暂时把女儿的疑惑搪塞过去，我赶紧挂了电话。

真没想到，这位老师竟然如此无趣，提前把圣诞老人的秘密揭穿了。但我知道，这个话题终归绕不过去的，回家之前必须想好应对之策。

于是，我把这个情况发到了自己的微博，希望博友们帮忙一起想办法，集思广益。两个小时左右，我竟然收到了几十位博友的回复，他们纷纷帮忙出主意，分享自己的做法。通过与博友的交流，我基本上梳理出如何延续圣诞老人秘密的计划和策略。

晚上回到家，伊伊迫不及待地追问圣诞老人的事。这一次，我按照事先想好的答案沉着应对："伊伊，只有我们自己相信，圣诞老人才会是真的。老师告诉你们圣诞老人是假的，可能是她小时候从来就没有收到过圣诞礼物的原因吧，所以她也不会相信这是真的。等一会儿吃完晚饭，我和妈妈一起陪你看一部圣诞老人的电影，到时你就会明白的。好吗？"

晚饭后，我赶紧把早已在网上找好的电影《极地特快》打开，一家三口坐在电脑前面开始观看。虽然此前已经给她讲过这个绘本，但那

栩栩如生而又扣人心弦的电影画面，还是紧紧抓住了孩子的心。她的情绪也随着主人公的故事跌宕起伏。

看完电影，当我们再次问她圣诞老人是不是真的时，伊伊毫不犹豫地给出了自己的判断："只要我们相信，圣诞老公公就会送礼物给我们的。如果不相信，就不会收到礼物。"

听到这个回答，我心中悬着的一块石头终于落地了。我也相信，对于女儿来说，圣诞老人的秘密仍会延续，圣诞节的欢乐也会延续，童年的美好更会延续。

用心记录也是一种爱

从伊伊上小班开始，幼儿园就给家长发了一本《幼儿成长手册》。虽然本子很薄，制作也算不上精美，但每个月老师和家长都需要写一段记录孩子成长的话。

幼儿园希望通过这本成长手册，让家长能大致了解孩子在幼儿园的情况，也让老师能够知道家长的想法和对幼儿园的建议。

在成长手册的扉页，有一封"给家长的信"，表明这本手册的真实用意：

亲爱的家长：

当你细心地阅读这本小册子时，

您一定会惊喜地发现——

您的宝贝，我们的孩子是如此的了不起……

这里记载着您可爱的宝贝的快乐之事，

进步之悦，成长之旅，

凝聚着您和我共同的关爱之心。

健康、快乐、幸福的童年，

是从您我最好的沟通开始。

让我们一起营造一个美好的教育环境，

促进孩子的健康成长！

拿到这本成长手册，我和伊伊妈妈都很重视，每个月看完老师的话后，都会用心填写。我们也很清楚，老师和家长都是为了同一个目标：促进孩子的健康成长！

但几乎每次家长会上，老师总会提醒一些家长要及时填写成长手册。

我还经常听老师说有些家长根本不重视，要么敷衍了事，要么置之不理。

老师也很无奈，但又不能强迫。

我之所以把伊伊上小班期间的成长手册整理出来，一是分享我们与老师之间的书面沟通记录，二是希望家长都能重视类似于这样的家校沟通渠道，并为孩子的快乐成长留下足迹。

下面是伊伊小班的成长手册：

9 月

老师：伊伊，老师觉得你很喜欢幼儿园，吃饭、玩游戏等都很棒，虽然生病后有一阵小小的不开心，不过现在已经完全恢复了呢！希望你能继续加油哟！

家长：从刚开始哭着去幼儿园到现在主动要求送你去幼儿园，伊伊的变化让我们非常高兴。每天你会说很多幼儿园的趣事，比如小乌龟逃跑了，比如认识了新的朋友。

伊伊每天的开心离不开幼儿园老师的耐心引导和辛勤工作，真心感谢老师们的付出。希望孩子能在愉快的日子里健康成长。

10 月

老师：伊伊，你活泼多了，机灵好动，积极参加各类活动，看你下面条的表情多专注，好像自己真的是妈妈，正在为大家准备美味的食物，好期待尝一尝呢！

家长：很高兴看到伊伊把幼儿园的好习惯带回家，比如自己吃饭，不要我们喂；比如饭前便后自己洗手。我们都为伊伊的进步感到高兴，这些进步也凝聚了老师和阿姨的辛苦付出！

爸爸妈妈希望你继续加油！

11 月

老师：你活泼好动，有点调皮。课堂上你能积极举手发言，善于思考，善于表达，游戏时积极参与，有丰富的想象力和创造力。

但是，你总是坐不住，这可不好哟！老师相信你会改正，变得越来越棒哟。

家长：

家中趣事（一）

一天，外公教育伊伊："你已经长大了，所以应该……"

伊伊："我又不是大（一）班的，我是小（一）班的，所以我还没有长大，我还是小宝贝。"

家中趣事（二）

伊伊自言自语："伊伊是人，妈妈是人，爸爸是人……"

妈妈："那什么不是人？"

伊伊："毛毛虫。"

妈妈："为什么？"

伊伊："因为它没手没脚。"

妈妈："猴子有手有脚，是人吗？"

伊伊："不是，它只会叫，不会说话。人会说话。"

妈妈："很小的小婴儿不会说话，是人吗？"

伊伊："小婴儿是人呀，因为长大以后小宝贝就会说话了！"

妈妈无语了。

12 月

老师：每次唱歌、跳舞时你都异常投入，声音响亮，现在还能自己穿脱衣服和鞋子了，很棒哟。希望上课时多安静倾听，好吗？

家长： 知不足而后进步。伊伊，爸爸妈妈要说说你的缺点：经常乱发小脾气，妄图得到大人的纵容；把好吃的据为己有，忘记了分享。

希望伊伊能接受老师和家长的批评，改正错误！

1月

老师： 亲爱的宝贝，你是一个活泼好动又聪明的孩子，上课能积极开动脑筋回答问题，平时也很乐意帮助其他小朋友，喜欢帮助老师做事。

希望在新的一年里你能在游戏玩耍时和小伙伴互相谦让，老师会更喜欢你！

家长： 新的一年到了，伊伊又长大了，有了新的起点。

希望伊伊身体好，习惯好，心情好，成为三好宝宝！

3月

老师： 伊伊，你像一个双子宝宝，时而安静，时而活泼，像个小仙女一样变来变去，常让老师看花了眼，希望伊伊继续保持好习惯。

家长： 伊伊的童言稚语："清明节，我们出去寻找春天，我们找到了红色、黄色、桃色、白色的花，这就是春天。"

4月

老师： 伊伊，现在你每天都是很开心地来幼儿园，上课时也很认

真，吃饭依然是干干净净，小手的本领也变得越来越大了，所以老师要表扬你。

不过老师希望你小嘴巴的本领可以变得越来越好，有时需要声音响亮，有时也需要把声音放低一点，好吗？

家长：

观察内容	观察记录
每天按时进餐、睡觉，生活有规律	比较好
自己的事情自己学着做，不依赖大人	比较好
会念会唱老师新教的儿歌	经常回来当老师，教家人
爱爸爸妈妈，爱祖父母，对家人有礼貌	还可以做得更好
常剪指甲，常理发洗头，注意个人卫生	比较好
和邻居的孩子一起玩，共同分享玩具	比较好

5 月

老师：伊伊和妈妈搭积木搭得好认真啊，妈妈来幼儿园上课，很开心吧。

伊伊上课时回答问题的声音好像比游戏时轻，我们争取做到一样好吗？

还有伊伊最近生病了，要特别注意身体健康哟。

家长：伊伊成为班里的明星宝宝，家里人也都很开心，伊伊也很珍惜这个荣誉。

181

但是伊伊还是常常控制不住自己，乱发脾气，希望能改正哟。

6 月

老师：宝贝，经过一年的幼儿园生活，你的收获真不少哟，看，绘画、趣味数学，进步喜人！上课时小脑袋瓜转得可快了，总有独特的见解！

下学期我们就要进入中班了，老师对你有更高的要求哟！对待学习再多一点细心、多一点耐心，相信你会有更大的收获！

家长：伊伊这个月初因为身体原因没有到幼儿园，伊伊说特别想老师和小伙伴，幼儿园小（一）班真是快乐的大家庭。

每次从幼儿园拿回这本成长手册，我们都会和伊伊一起读老师的留言。

等我们认真写好以后，也会和她一起读我们的留言内容。

每当伊伊听我们和老师的留言时，都会很开心，有时还会笑得前仰后合。

因为这本成长手册记录了她的成长轨迹，其中既有老师和家长对她某些方面取得的进步给予的充分肯定，也有对她需要做得更好的地方提出的建议。

不同的幼儿园，相应的做法也不一样。有的要求每周记录一次，有的要求每月记录一次。

无论周期多久，家长都应该用心记录孩子成长过程中的点点滴滴。

即使幼儿园没有要求这样做，家长也完全可以自行记录。

现在的记录方式有多种选择，可以用日记的方式记在本子上，也可以通过电脑记在自己的个人空间，比如 QQ、微博、博客等。但需要注意保护孩子的隐私，如果是公共空间，尽量少贴照片。

PART 5

家长多一些爱的智慧，孩子少一些成长的羁绊

能否教育好孩子，并不取决于我们掌握了多少知识，而是我们洞悉了多少智慧。当父母做到智慧地爱孩子和养育孩子，孩子的人生之路就会走得更好、更远。

智慧的家长，并不一定需要自身具有多高的智商、取得多高的学历，而是能够在生活中增长智慧，在为人中修身养性，在处事中明辨是非。

家长控制好零食，孩子才不会挑食

每次开家长会，伊伊幼儿园的老师都会把孩子挑食的问题，作为一个很重要的主题重点强调，指出很多小朋友只喜欢吃肉、不喜欢吃蔬菜或挑挑拣拣。还有几位小朋友，从小班到大班，每天中午吃饭都是老师最头疼的事。一是吃得慢，偶尔要人喂；二是太挑食，经常吃不光。有个孩子就爱吃红烧肉，蔬菜一点都不碰，让孩子妈妈也很头疼。

从小到大，我都很注意观察伊伊的饮食习惯，发现伊伊有自己特别喜欢吃的菜，比如土豆丝、鸡汤等，也有最不喜欢吃的菜，像苦瓜、青椒，其他的只要不辣她都可以吃。所以我们带她出去吃饭，比较省事，只要不点辣的菜就好。

因为不挑食，所以伊伊的胃口一向不错。从幼儿园小班到大班，她一直是班级里面吃饭比较好的几个孩子之一。大多数时候，她都在最先吃完的那几个孩子之列，偶尔还会是第一个吃完的小朋友。

很多家长总是好奇地向我取经，以为我有解决孩子吃饭问题的灵丹妙药，而我只是告诉他们，其实在家里，除了经常变换菜的花样和控制好孩子的零食以外，我们真没有为女儿的吃饭下太多的功夫。

对于挑食的原因，除了孩子自身的生理特征和吃饭习惯以外，大多数情况都跟吃过多零食有关。而如今的孩子，"舌尖上的诱惑"不可谓不多，超市里货架上各种零食品种繁多、口味多样，令人眼花缭乱。同时，处于幼儿阶段的孩子，对铺天盖地的广告毫无抵抗力，只要电视上看到过的零食，他们见到后一般就放不下。

然而，很多零食对孩子的身体健康是不利的。有人把零食分成三个等级，其中第三个等级的零食尽量让孩子不要吃，而这个等级恰恰迎合了孩子的口味，是孩子特别喜欢吃的零食，比如薯片、果冻等。

想要控制孩子的零食，家长可以做好三件事：

首先，引导孩子拒绝垃圾食品。我们平时从来不给伊伊买垃圾零食，在逛商场或超市的时候，我们会用自己掌握的相关知识，帮助孩子进行筛选和过滤。但是，孩子们经过电视广告的轰炸，有时候还是难以抵抗住诱惑。伊伊一度非常想吃薯片，甚至看到其他伙伴手捧薯片的时候，会走过去一起吃。我妻子就特意买回来一包薯片，跟伊伊说："伊伊，妈妈今天跟你做个有意思的实验。这个薯片是很多小朋友平时喜欢吃的零食，你猜一猜，他们吃的那种东西会不会被点燃？"伊伊觉得不可思议，坚定地告诉妈妈说："零食怎么会被点燃呢？它又不是火柴啊！"

当薯片被妻子用打火机点燃的时候，伊伊大吃一惊。妈妈告诉她，因为它含油量太高了，所以会被点燃。由于热量太高，会让经常吃的小朋友长得很胖。刚好那段时间，伊伊幼儿园也在积极倡导小朋友要注意饮食，不要成为小胖墩，而她班上的几个小胖子还被营养老师要求适当减肥。因此，伊伊对变胖还是挺担忧的。这个实验确实让她记忆深刻，后来她再也没有要求过吃薯片。

其次，我们要和孩子一起关注食品安全。如今食品安全是人们热议的话题，经常会在电视和报纸上看到各种曝光食品质量问题的新闻，有图有真相。与其苦口婆心地跟孩子讲哪些食品不安全，不如让孩子通过看这些新闻来了解这些食品的危害。

我们平时喜欢关注社会热点新闻，碰到一些曝光食品安全的节目，就常常带着伊伊一起看。记得有一次，电视台的一档节目深入揭露了孩子们最喜欢吃的果冻的生产过程，伊伊知道很多果冻可能是用臭皮鞋做的之后，在超市里再看到果冻时就会脱口而出："这是臭皮鞋做的，我们不要买啊！"

最后，我们要让孩子少跟喜欢零食的小朋友接触。由于每个家庭的教养方式不同，家长对待零食的态度也会差异很大。如果我们不想让孩子吃太多零食，那么，我们就要尽可能让孩子少跟特别喜欢零食的小朋友一起玩耍，因为小朋友之间的相互影响是无法避免的。当孩子身边不吃垃圾食品、少吃零食的小朋友越来越多，孩子对零食的抵抗力自然也会增加。他们之间甚至还会互相传递多吃零食不好、垃圾食品有毒的信息。

伊伊从小有个经常一起玩的好朋友就特别喜欢吃零食，每次出门，大人都会至少带上一种零食，而她的奶奶又非常大方，只要看见伊伊，就会把带着的零食分给她。无论怎么推辞，我们都招架不住老人家的热情。每次拿到零食，伊伊也会忍不住，立马就吃得一干二净。这个时候，我们既不好直接拒绝别人，又不能强行制止孩子，总是很尴尬。最令我们头疼的是，那段时间，伊伊总吵着要买零食吃。

后来，我们只好尽量避开那位奶奶，也减少伊伊跟那个伙伴的玩耍。偶尔碰到一起，我们就会有意无意地跟老人家聊一些食品安全的话题，尤其是媒体上曝光过的一些问题。最后发现，多跟她聊聊这些，真的对她有一定影响。慢慢地，老人家带零食的次数就逐渐减少了，即使带了零食，只要我们拒绝，她也不再强求。

然而，对于孩子来说，零食总是充满无限诱惑的，一点不吃也是不可能的。只要不是垃圾食品，控制好零食的量，就可以避免零食对孩子食欲的影响，也不会轻易产生挑食的现象。在我们家，除了水果可以多吃以外，其他的零食，我们对伊伊都是定量的，餐前一般不允许吃。大多数情况下，她遵守得比我们要求的还严格。从目前情况来看，伊伊基本上不挑食，喜欢吃蔬菜和水果，这是令我们感到很庆幸的。

当然，伊伊养成不挑食的习惯，吃饭情况比较好，除了我们把零食控制得很好以外，还有一些方面，我们也比较重视。

第一，伊伊6个月左右添加辅食的时候，我们就比较注意蔬菜的多样化。我们会在给她做的面条里配上各种蔬菜，也会把能做成泥的菜都做成菜泥，比如土豆泥、山药泥、胡萝卜泥等，还尝试过把一些蔬菜弄成菜汁给她喝。

第二，伊伊长牙差不多到一岁半以后，就基本上和我们吃差不多的菜了。我们全家人都不挑食，会经常买应季的蔬菜，孩子总是对大人做的菜充满向往。后来，我们就不再给她单独准备饭菜，都从我们的餐盘里面夹菜给她吃。我们吃的菜，只要不是辣的，她都会尝试。

第三，伊伊从小吃饭很好，所以吃饭对她来说是一件开心的事情。因为常常会得到表扬，所以，她愿意在规定时间、规定地点把自己饭碗里的饭菜吃完。

第四，对孩子来说，花些心思把食物弄成小朋友喜欢的形状，搭配上各种色彩，经常变换新鲜的口味，这一定是一件很有趣的事，小朋友也一定会愿意尝试。

别让父母的"面子"，伤害孩子的"里子"

半年前，家乡的一位亲戚打电话来向我哭诉孩子的问题。她家家境在当地颇为殷实，儿子读的是当地名校，成绩一直名列前茅，小的时候非常乖巧懂事，钢琴弹得很好，画画得很好，舞也跳得很好。

但是，自从高中毕业考上大学后，儿子就像变了一个人，天天晚上泡酒吧，不跟父母交流，并且开始在很多方面放纵自己。

父母非常担心，觉得如今再也找不回原来那个乖巧听话的儿子了。孩子和父母竟形同陌路人。聊到最后，她不禁感叹："我们现在虽然有钱、有房、有车，但又有何用呢？我们只有这个孩子，操劳了大半辈子，算是白辛苦了。"

小时候非常听话、一直上进的孩子，18岁后为何判若两人？这绝不仅仅是个案，值得我们深思。

"冰冻三尺非一日之寒。"其实，孩子长大后出现的很多问题，大多都可以追溯到童年的教养方式上。

在亲戚的哭诉中，有句话对我的触动特别大，她说："这个孩子一直是全家人的骄傲，过去走到哪里都是焦点，成绩好、钢琴好，人长得好，又有礼貌。现在我都不敢在外面提起他，面子上实在是过不去呀！"

她最后的这句话，无意中暴露了问题的根本原因。我还记得，在那个孩子很小的时候，不管什么时候，只要跟亲戚朋友见面，他的父母就喜欢把孩子的成绩挂在嘴边，无论孩子是否愿意，总是乐此不疲地让孩子展示各种才艺，唱歌、弹琴、跳舞、画画等，恨不得要把孩子的十八般武艺样样都展示给别人看。

在一些家长眼里，唯一的孩子几乎就是生命的全部。对于他们来说，孩子就是自己家的一张"名片"，无论走到哪里，都情不自禁地把这张特殊的"名片"递给别人，往往还会将孩子身上的很多亮点当作"名片"上的头衔，浓墨重彩地进行渲染。一个活生生的孩子，就这样成了一些父母炫耀的工具。

美国心理学博士约翰·格雷曾总结说："第一个九年，孩子处于对父母完全的信任和依赖中，父母的责任是要对孩子完全承担起责任；第二个九年，孩子学会信任自己并日益独立起来，父母的责任是维持一种控制力，但也要给孩子更多的自由和独立；第三个九年，孩子变得独立自主，父母需要退到幕后，但仍然要为孩子提供支持。"

然而有些父母，不管孩子成长到什么阶段，为了自己的面子，都自作主张帮孩子安排一切，却很少了解孩子内心的真正想法是什么，他们真正喜欢的是什么，他们真正想做的又是什么。

曾经在一个电视时评节目中看到，一位妈妈和自己毅然决然放弃空姐工作的女儿在节目中争执不休。

妈妈指责女儿说："空姐的工作，多有档次呀，福利待遇好，工作环境好，也算是帮妈妈圆了一个梦，怎么说不干就不干了呢？现在你非要去淘宝开店，我实在想不通，我们从来都没有同意过你这样做，我的面子算是被你丢光了。"

女儿回应道："空姐本来就不是我想做的，当初也是你们要我去考的。现在，我想做自己真正想做的事情，在淘宝开店也不低人一等。而且，我如今赚的钱比当空姐还多。我要追寻我自己的梦想。"

她还在节目中透露了当空姐 6 年的酸甜苦辣，包括发生晕倒和摔伤之类的意外事故。

但妈妈却全然不顾孩子内心的想法。通过观察那位妈妈的言语和眼神，可以解读到她认为女儿当空姐是份体面工作，是可以拿来当作在亲朋好友面前炫耀的资本，当空姐当然比淘宝店小二的名头响亮许多。在她眼里，自己的面子远比孩子的内心感受重要，更比孩子自己的梦想重要。

很多时候，父母为了自己的"面子"，不经意间就伤害了孩子的"里子"。但如果不顾及孩子的"里子"，仅仅为了自己的"面子"，将很可能导致父母的"面子"和孩子的"里子"两败俱伤。

如果父母想要自己的"面子"好看，首先一定要照顾好孩子的"里子"。也只有了解了孩子内心的真正想法，家长才可能有机会去挽回自己的"面子"。

伊伊两岁多的时候，还是一个不喜欢主动跟别人打招呼的孩子。

每次出门之前，妻子都要嘱咐女儿："看到认识的人，要主动打招呼哟。"但几乎每一次，伊伊见到别人都是怯生生的，从不主动说话。

大多数时候，妻子都忍不住当着很多人的面对孩子发火，并指责伊伊："你怎么没有礼貌呢？你看人家小朋友多有礼貌呀。"这样做的结果，常常把伊伊搞得很不开心，也很抵触，有一段时间她就是不肯喊人。

妻子私下里还跟我诉苦："伊伊不打招呼，其实最难受的是我，感觉特别没有面子。"

后来有一次机会，我就问女儿为什么不喜欢跟别人打招呼。伊伊告诉我，就是觉得不好意思，还补充说："那些人又不是我的好朋友呀。"

我终于明白，在她眼里，只要不是自己的好朋友，就没有必要主动打招呼。

我马上接过她的话茬："伊伊，跟别人打招呼，并不是一定要成为好朋友，大多数时候只是出于礼貌。其实，真正的好朋友反而不用打招呼，自然就会很亲切的。"她若有所思地点点头，似乎明白了些什么。

为了不让伊伊感觉爸爸是在批评她，我赶紧补充道："不管怎样，爸爸绝不会强求你跟别人打招呼的。不过，你下一次可以试试跟别人主动打招呼，说不定你会有意想不到的惊喜哟。"伊伊听后很诧异，虽然不明白到底会有什么惊喜，但很快就答应自己要去试试看。

不久后的一天，我们开车出门，在没有任何人提醒的情况下，她大声地主动跟门口的保安打招呼："叔叔好！"保安叔叔很开心，立马回应道："小朋友好！你真乖！"伊伊妈妈感觉很意外，马上表扬了她。

我也得意地问伊伊："爸爸以前跟你说的没错吧，主动跟别人打招呼是不是有惊喜呀？"伊伊连忙回答："嗯，保安叔叔说我很乖，妈妈还表扬我了。"

"那你现在是不是心情很好呀？""当然啰！爸爸，跟别人打招呼肯定就会带来好心情，是不是啊？"孩子一语中的，我和妻子几乎异口同声地称赞道："伊伊真棒！"

有了这次愉快的喊人经历后，我发现伊伊逐渐愿意主动跟别人打招呼说话了。从此，我们就很少再为女儿不愿打招呼这件事而头疼了。

父母有童心，才能保护孩子的想象力和创造力

孩子的想象力和创造力，是与生俱来的。但目前的学校教育正在不断扼杀孩子的想象力和创造力，这已经成为全球性的问题。在应试教育这根指挥棒的牵引下，目前要寄望于学校教育的改变来扭转这一现实，似乎不太可能。

作为家长，如果我们能够做些改变，则有可能让我们的孩子多保留一份想象力和创造力。这就需要父母在教育孩子的过程中，能够始终保持一颗童心，能够经常从孩子的视角出发看待儿童世界中的很多东西，才能保护好孩子的想象力和创造力。

其实，只要我们用心记录孩子说过的妙言趣语，就会发现每一个孩子都是语言表达的高手。他们会用富有想象力的语言恰当地描绘每一件事情，常常让大人望尘莫及，甚至甘拜下风。

"妈妈，我的肚子好难受，里面好像有很多小鱼，它们还在吐泡泡呢。"

"哎哟，有一条鱼吐了一个好大的泡泡！"

有一天，伊伊的一个好伙伴因为肠胃感冒，上吐下泻，肠腔内的水分过多，外加肠蠕动也增加，肚子里一直有"哗啦啦"的声音。孩子用非常形象的语言告诉她的妈妈，描述她的不适症状。当孩子妈妈跟我讲起时，令我捧腹大笑，也感叹孩子的想象力竟然如此丰富。

幼儿阶段的孩子，虽然尚未掌握丰富的词汇，也没有积累大量的知识，但他们的语言却是很真实、很自然的，甚至是很准确的。这就跟孩子天然的想象力密不可分。很多孩子的想象力远远超过成人。他们往往眼观六路、耳听八方，所思所想基本上都是原生态的，脱口而出的童言稚语常常令华而不实的成人语言相形见绌。

很多家长，在面对孩子时，总是习惯从成人的角度来看待孩子的行为。凡是符合自己想法的，就认为孩子的想法是好的；凡是与自己想法相悖的，就认为孩子的想法是有问题的。但孩子的世界是纯真的，孩子的想象力和创造力也总是源源不断的。

同时，我们还要明白，每一个孩子都是独一无二的，他们来到这个世界，就是一个又一个孤品，绝没有完全相同的两个孩子，即使是双胞胎，也会有很多不同。就像水果一样，他们本来有的是橘子、有的是梨子、有的是苹果，而且每棵树上长出来的果实，都不可能找到一模一样的。

正是因为我们忽视了每个孩子的特性和差异，很多时候就会在无形中扼杀孩子的想象力和创造力。要保护孩子的想象力和创造力，家长首先要有想象力，要有独立思考，要敢于创新。要做到这些，我们自己就应该再重新做一回孩子，回到童年的记忆，回归儿童的世界。

越是低龄段的孩子，奇思妙想、胡思乱想就越多。家长秉持鼓励还是否定的态度，就显得至关重要。如果孩子们的想法经常得到大人的鼓励和肯定，他们的思想火花就会越燃越旺；反之，孩子们的思维就会逐渐被禁锢和僵化。一旦孩子们失去了想象的翅膀，也就不会有创造力的源泉。

伊伊经常回来跟我讲幼儿园发生的奇妙故事。虽然听下来，感觉很多是她自己编的，但她讲得眉飞色舞，我也听得津津有味，从不戳穿她。而且，我还会进一步想出许多有意思的问题，帮助完善她的创意故事。

有一次，幼儿园给父母布置一个作业，要我们用孩子的名字编一个故事。我知道女儿最喜欢编故事，就让伊伊自己先创作。后来，在我和女儿的共同努力下完成了这个故事，梗概如下：伊伊就像在树林中自由自在飞翔的小鸟，她很快乐，累了就站在枝头开开心心地唱歌，饿了就在山林间飞来飞去觅食。最后她还得意地跑去问妈妈："伊伊的故事好听吗？"

伊伊也喜欢在家人面前表演她的才艺，但是她的大多数表演都是自己编的儿歌、自己编的故事，往往还是出口成章。只要她乐意表演，我们都会坐下来安安静静地当观众，并且适时为她鼓掌。我们从不打击她，也从不会说她在胡编乱造，更不会要求她停止乱编。

"游乐园里朋友多，朋友多，朋友多，朋友多，旋转木马在唱歌，唱的歌真好听，旋转木马真好玩。荡秋千，跷跷板，游乐园里真好玩。碰碰车呜呜开，宝宝和妈妈一起玩，玩了好多好饿呀，妈妈给宝宝买了吃的。啦啦啦啦啦！"

这首儿歌就是伊伊去一个公园的游乐园，玩了很多游乐项目，回家后即兴创作的。我们一边认真地听，一边使劲地为她鼓掌。

要保护孩子的想象力，我们还需要鼓励孩子的提问，尊重孩子的质疑精神。发问和质疑是开启想象力的大门，能够提出问题和能够解决问题也是同等重要的事情。

诺贝尔奖获得者赫伯特·布朗，是一个美籍犹太人，他曾经说过："我的祖父经常会问我，为什么今天与其他日子不同呢？他也总让我自己提出问题，自己找出理由，然后让我自己知道为什么。我的整个童年时代，父母都鼓励我提出疑问，从不教育我依靠信仰去接受一件事物，而是一切都求之于理。可能这一点就是犹太人的教育比其他人略胜一筹的地方吧。"

犹太家庭不但重视知识的传授，还特别重视想象力的激发和创新精神的培养。他们把只有知识却没有创新的人喻为"背着很多书本的驴子"。他们崇尚创新，认为没有创新的学习只是一种模仿，学习应该以思考为基础，要敢于怀疑，随时发问。知道得越多，就越会发生怀疑，而问题也就随之增加。因此在犹太人家庭里碰到放学的孩子，第一句话就是："你又提问题了吗？"

想象力只存在人们的大脑里，比如各种稀奇古怪的想法和天马行空的思考。然而，创造力则要从想象力转化到现实中，有能力把想象出的东西变成实际可操作的、可以创造出来的东西。如果一个人只有想象力，没有创造力，就永远只能是空想家。

创造力既是一种创新思维，也是一种把思维变成既定事实的行为能力。有创造力的人，不仅需要具有这样的想法，而且还要把这种想法付诸实现。

《乔布斯传》里面提到，乔布斯幼时一直是动手能力非常强的孩子，所以他能够把他所想的很完整地做出来、表现出来。反观我们现在的孩子，从小时候做手工开始，很多都是由父母代劳的。

当然，很多家长更愿意让孩子把时间花在学习上而不是创作上。不要说制作什么手工作品了，就连很基本的生活起居，父母都恨不得帮孩子全部包办。

因此，要保护孩子的想象力和创造力，我们就需要鼓励孩子多动手、多实践、多尝试，在亲自动手的过程中，很多想法和思考经常会自动引发。正如陈鹤琴先生所说："儿童本性中潜藏着强烈的创造欲望，只要我们在教育中注意诱导，并放手让儿童实践探索，就会培养出创造能力，使儿童最终成为出类拔萃的符合时代要求的人才。"

我们只要鼓励孩子了解和探索世界，呵护孩子的好奇心，孩子的想象力和创造力就将源源不断。我们可以从鼓励孩子仔细观察一只蚂蚁或蚯蚓的爬行、聆听夏日的蝉鸣等日常生活做起。好奇是儿童的天性，正是这种自由玩耍和探索，可以让他们了解世界，并成为激发他们想象力和创造力的火苗。

自从伊伊开始学习画画以后，常常会画一些稀奇古怪的东西，说是她自己创作的故事书，然后让我们听她津津有味地讲故事。虽然这些画面并不算美，故事也没有逻辑性，但我们每次总是兴致盎然地听着。其实就是想传递给她一个信息，只要是她自己创作的东西，不管讲得如何、画得如何，我们都会支持她、鼓励她。我们希望伊伊能在一个比较开放和自由的空间里，天马行空地胡思乱想，能够自己动手创作。

伊伊所上的幼儿园，也经常鼓励孩子把罐子、盒子、箱子等废旧物品带到幼儿园，让孩子们进行创意手工，可谓一举两得：一是变废为宝；二是培养创造力。真正的艺术其实就是想象力和创造力的激荡，而不是依葫芦画瓢！

让我们"笑着"教育孩子

在孩子面前，很多老师和家长都喜欢摆出一本正经的模样，跟孩子玩耍时，也表现得有板有眼，总是让孩子不敢也不愿靠近。我们生怕自己的威严在欢声笑语中丢失，担心自己的形象在嬉笑打闹中受损。

殊不知，幽默恰是人类最高级的沟通方式。一个情商高的人往往也是善于运用幽默的人。在和孩子打交道的过程中，我发现孩子最乐意接受的沟通方式，就是有趣的、好玩的、搞笑的沟通方式。

伊伊在3岁左右的时候，我们送她到一家以外教为特色的英语培训机构，希望她能感受一下语言学习的氛围，并能跟很多小朋友一起开开心心地玩。这家专做少儿英语培训的机构，不会教孩子死记硬背字母和单词，而是通过寓教于乐的形式，为孩子创设一个英语交流的环境，激发孩子学习英语的兴趣。

第一次上完课，伊伊在回家的路上，带着夸张的表情告诉我们："爸爸妈妈，外国的老师太搞笑了。今天她一直跟我们说，I'm 放臭屁。笑死我们了，她的课真好玩！"

因为一句很搞笑的话，那位外籍老师赢得了所有小朋友的喜欢。其实，伊伊很小的时候，看到老外就很害怕，尤其是黑皮肤的外国人。但因为这个老师很幽默，所以伊伊对她并不感到害怕，每次上完课都会对她的课念念不忘。

对于老师来说，要让学生喜欢自己教的这门课，首先就要想方设法让孩子们喜欢自己。从大多数人的经验来看，一般来说，我们学习成绩最好的功课，往往都是自己很喜欢的老师在教的功课。

作为老师，确实需要学会幽默。如果能把枯燥乏味的科目，通过风趣幽默的方式深入浅出地讲出来，那么，学生就会接受得更快、理解得更深、学习得更好。

当然，在家里，我们同样也需要学会幽默地与孩子相处。幽默就是一种调味剂，它能在亲子关系需要改善的时候，调节父母与孩子之间的气氛；幽默也是一种增稠剂，它能在欢声笑语中，增强父母与孩子之间的感情；幽默更是一种保鲜剂，它能在日常生活的点滴之中，保护父母与孩子之间的亲情。

有一天，伊伊对我们说："妈妈是所有小朋友的妈妈当中，最搞笑的。"这个褒奖，让妻子受宠若惊。

我刚开始还不解，仔细一问才知道，原来有天晚上，妻子把加减法的计算融入了一个二十几个人到动物园去玩的故事当中。在故事中，我们一大家子人又是坐车子，又是上厕所，又是吃饭，又是看各种动物，忙得不亦乐乎。

而每做一件事情，人数都会发生变化，有的人留在车上，有的人下车和上车。就这样，加减运算融合在故事情节中，让伊伊算得得心应手，也笑得前仰后合。

后来，妻子得到一次机会到幼儿园去讲课，又把这个故事搬到了幼儿园。幼儿园的小朋友们同样听得兴致盎然，纷纷称赞："伊伊妈妈真搞笑！"

很多家长在职场中习惯了不苟言笑，在家里也变得一本正经。因此，家中缺少了很多欢声笑语。或许也有家长会认为现实生活本身就很无聊，我们拿什么搞笑呢。其实，只要我们善于观察，生活中处处都有乐趣。

前段时间，我借助一个机会，让伊伊接触银行卡，还给她介绍不同银行发行的不同的银行卡。拿出这些银行卡，我告诉她说："伊伊，快来看，这个是'中国很行'发行的卡哟。"

伊伊看了看，哈哈大笑："爸爸，你搞错了，这个应该是中国银行呀。不是'中国很行'啊！"

"是吧，但是有的人，稍微一粗心就会读成'中国很行'的。你看看，这两个字的差别还是很大的吧。你以后肯定不会读错的。"

但是从那以后，只要在大街上看到各大银行的招牌，她都会故意地读成"某某很行"。然后与我们大笑成一团。

另外，当我们批评孩子的时候，如果还能带点幽默，效果一定会更好。有一次，伊伊看电视进入了忘我的状态，本来应该看两集的动画片，她执意要连续看三集。这时，外婆在旁边故作慌张地说："完了，完了，要是伊伊看电视太多，变成斗鸡眼了可怎么办呢？"

外婆一边说，还一边把自己的眼睛瞪成斗鸡眼状。伊伊被外婆搞笑的动作逗得哈哈大笑，于是起身把电视关了，然后和外婆一起玩斗鸡眼比赛的游戏。

对于每一个孩子来说，都是喜欢快乐和笑声的。在欢笑中成长的孩子，性格往往都会比较开朗，待人处事会比较豁达，人生态度也会积极乐观。

只要伊伊在家的时候，我们家总是笑声不断的。其实只要我们永葆一颗童心，不管我们的生理年龄到了多少岁，只要我们的心理年龄回到孩童时代，我们就能放下身段，和孩子打成一片。当我们也把自己当作孩子的时候，生活中原本毫不起眼，甚至无趣的东西，都能被我们拿来作为搞笑的对象。慢慢地，幽默就会成为我们生活的一种习惯。

倾听孩子的内心，父母要耐心

"爸爸妈妈一点都不喜欢我。你们既然不喜欢我，干吗生我下来呢？"有一天晚上，伊伊躺在床上，眼角噙着泪水，嘟囔着小嘴，满腹委屈地自言自语，妈妈在一边耐心地哄，她却怎么都不肯听。我走进房间时正好看到这一幕。

"伊伊为什么这么说呢？你从哪里看出我们不喜欢你的？"我轻声地问她。

"是呀，刚才过去找你们玩，你们只会讲快去睡觉、快去睡觉。然后就不理我了，也不陪我玩。既然不陪我玩，就是不喜欢我。既然不喜欢我，干吗生我下来？"

她继续说："我知道，妈妈就是不喜欢我的，她连小孩都不喜欢，我听她跟阿姨讲过，她讨厌小孩子。既然讨厌小孩子，干吗生我下来？"

伊伊的咄咄逼人，让我始料未及。我和妻子一直对她很用心，但她却毫不留情地指责我们不喜欢她、不搭理她。而她的每句话都落到"干吗生我下来"，让人没有回旋余地。我震惊之余又暗自感叹，女儿的逻辑思维能力好像又精进了。

我忍住心中已被点燃的怒火，赶紧接着她的话说："宝贝，爸爸妈妈都很喜欢你的啊！妈妈平时对你可好了，对其他小朋友当然也很好的。我想她最喜欢的就是你了。"

看她还没有原谅我们的意思，我开始跟她认错："伊伊，刚才爸爸妈妈太忙，没有好好陪你玩，确实是我们的不对，下次一定改正。"说完，我赶紧把她抱在怀里，使劲地亲她的小脸蛋。通过实际行动，她似乎感受到了我的那份爱。于是，她很快接受了我的道歉，也似乎明白了"妈妈其实很喜欢我"，然后大气地对我说："好吧，这次就原谅你们啦！可是，下次你们一定要好好陪我玩哟！"

没过多久，我就听到了她呼呼的酣睡声。离开房间时，我不停地安慰自己："今晚，她一定能睡个好觉，一定能做个好梦！"

等安抚好伊伊，我详细回忆了整个过程。确实，我和妻子忙了一天都有些疲惫，对于她的各种游戏的提议，完全提不起兴趣，并且一遍又一遍催促孩子去睡觉。

回到房间，我问妻子是不是跟别人说过不喜欢小孩子之类的话。妻子哑然失笑，看来女儿已经开始学会编故事了，并且开始进行自我暗示。

我们不禁感慨，小孩子一点都不能敷衍，时时刻刻要放在心上，

207

稍微有点怠慢，孩子那颗敏感的心就会受到伤害。同时，我们还需要更多的耐心，孩子的生气发怒，背后一定有我们不易觉察的原因。我们需要用自己的宽容换来对孩子的真正了解。

孩子就是孩子，一言一行，态度和情绪，很多都跟大人不同。遇到不开心的事情，他们绝不会强颜欢笑；遇到不顺心的事情，他们绝不会逆来顺受；遇到不公正的事情，他们绝不会忍气吞声；遇到不寻常的事情，他们绝不会若无其事。

对于涉世未深的孩子，内心的很多东西是藏不住的。即使孩子金口难开，也总会有蛛丝马迹能被我们捕获。只要我们用心留意孩子的一举一动，耐心倾听孩子的一言一语，就很容易触碰到孩子的内心。

而要做到这一点，确实需要家长真正把孩子放在心上、看在眼里，真正了解自己的孩子，平等对待孩子，充分尊重孩子。当我们真正走进孩子的内心，很多时候，教育就变得不再难了，甚至还可以做到轻松自如、得心应手。但无论如何，我们需要在用心和耐心这两个方面下功夫。

家长肯对孩子付出耐心，用心倾听孩子的内心，就能换来孩子的信任，跟孩子成为知心朋友，让孩子愿意说出自己的真实想法，内心感受。如果我们不留意，或者耐心不够，就会错失很多倾听孩子内心的良机，当然也就错过很多增强亲子关系的契机。长此以往，孩子就会逐渐丧失内心的安全感，也就不愿意向你敞开心扉。

我有一个朋友，她9岁多的女儿一直由奶奶照顾，但她非常自豪自己兼顾得很好，认为女儿和自己很亲，可以做到无障碍沟通。

有段时间奶奶回了一趟老家，而恰逢我的这位朋友刚开始创业，工作很忙，家里只好暂时请个保姆来照顾。

这个保姆显然不如奶奶那么用心，做的饭菜远不如奶奶做的好吃，偶尔还会训斥女儿。

因为很想念从小细心呵护自己的奶奶，再加上保姆对她又不好，奶奶走后，孩子偷偷躲在被窝里哭了四个星期。我的这位朋友却全然不知，还曾经在我面前炫耀，说女儿的适应能力很强。

直到奶奶回来，孩子才把保姆的不是以及自己的伤心和奶奶说。朋友无奈地说："我一直以为跟女儿是心贴心的，我们之间是无话不谈的，结果我还是没有完全走进她的内心。"

我很好奇，就跟朋友深入地探讨，同她感情一向很好的女儿为什么不愿向她倾诉，而是等到奶奶回来后才告诉奶奶。

我让她回忆是否有些蛛丝马迹没被及时觉察到，比如饭吃得不如以前多、是否跟她提及不喜欢保姆、盼望奶奶早点回来等。经过我这么提醒，她果然想起，有几天，女儿看上去总是一副魂不守舍的样子，偶尔还欲言又止的模样。

有一次，女儿做完作业想找她说点什么，但由于时间太晚，加之自己很累，她就催女儿赶紧去睡觉，让女儿明天再说。可是，接下来的几天，她依然很忙很累，后来，女儿索性就不再找她了。

这时，她才恍然大悟，为此，也后悔不已。没想到一向跟自己很亲的女儿，由于自己的疏忽和缺少耐心，错过了最应该倾听孩子内心的一次绝好机会，并让女儿独自承受了孤独、伤心和失望。

我后来告诉她，很多家长都认为自己非常了解孩子，亲子关系很好，心中时刻装着孩子，眼睛经常盯着孩子。但那大都是站在成人的角度看的。检验我们是否能够真正走进孩子的内心，恰恰就在一些关键时刻遇到一些事情的时候，孩子是否会愿意告诉你。

虽然家长不可能做到把孩子的全部心事通通了然于胸，但是当孩子遇到问题或困难的时候，能够第一时间想到跟家长倾诉，就是家长最大的欣慰。

所以，要能够走进孩子的内心，要能够听到孩子的倾诉，考验的就是家长的智慧和耐心。说到底，就看我们是否愿意耐心倾听孩子的心声，是否愿意把孩子真正当孩子对待，是否愿意跟孩子成为好朋友。

设立"珍珠时刻"，守护孩子的幸福感

有位作家曾经说过，人若没有一个好的家庭环境，就很难展开一次正常的生命旅程。

美国心理学家黄维仁博士认为，每个家庭都应该有自己的"珍珠时刻"，它能帮助成员体验爱、表达爱，并成为疗伤的良药和拉近亲密关系、修复亲密关系的法宝。

从伊伊一岁多开始，每天晚上她睡觉前的一个小时就是我们家的"珍珠时刻"。通常这个时候，我和妻子都会放下手中的事情，陪在她的左右，或是讲故事，或是聊天，或是讲笑话，或者是做游戏。

无论怎样度过，这一个小时都是我们家一天中最温馨和幸福的时刻，我和妻子也仿佛回到了儿时无忧无虑的快乐时光。

这个习惯，我们一直保持得非常好。即使我们外出旅行或者走亲访友，没有特殊情况，我们绝不会放弃这一天中最幸福的时刻。如果我偶尔出差，妻子也会独自承担这个任务。

在伊伊上幼儿园后，"珍珠时刻"变得尤为可贵，因为幼儿园是孩子第一次脱离家庭小团队的 24 小时的照顾，而接触到的较为广阔与复杂的环境，无论是孩子的身体，还是心理都会发生一系列的变化。

伊伊入园前，每逢"珍珠时刻"，我们一般以讲故事、看绘本、做游戏为主。

我印象最深的是，伊伊两岁多的时候，特别喜欢一本名为《轱辘轱辘转》的绘本。有一段时间，我和她就利用晚上的一个小时，互相比赛找金虫子，看谁找得又快又准。别看孩子小，她经常都会比大人找得快又准。而在这个过程中，我们收获的更多是无穷无尽的快乐。

入园后，除了讲故事，我们还会利用这个时间，经常跟孩子聊一聊幼儿园的趣事，或是听听孩子的想法和感受。很多幼儿园里发生的事情，我们都是在这个时候知道的。因为孩子只有在放松的状态，才可能愿意或是想起将某件事原原本本地告诉家长。

我们从孩子的口中大致了解了幼儿园日常生活的安排、老师对待小朋友的态度，以及她适应幼儿园生活的能力。伊伊有次被老师误解为撒谎，多亏我们及时知道，特意赶到幼儿园向老师解释了一番，老师向伊伊道歉，才没有在孩子幼小的心灵中留下阴影。伊伊有次临睡前感叹地对我和妻子说："我们家好幸福啊！"虽然她小大人的口气逗得我们哈哈大笑，但是我们也深深感到，作为负责任的父母，为家庭创造一个"珍珠时刻"是非常必要的。

在每天晚上的"珍珠时刻"，我们不仅有效地增进了亲子关系，而且还利用这个机会寓教于乐，让孩子学到了很多知识。

上大班以后，为了增加伊伊对数学的敏感度，妻子在讲自己编的一些故事的时候，会有意地融入数字计算、逻辑关系。这个时候的伊伊往往兴致盎然，注意力非常集中，对妈妈提出的问题，回答的正确率也非常高。我们可以看出，她的小脑袋瓜一直在高速运转，一心一意投入这些有趣和搞笑的故事中。

很多时候，教育是无痕的，机会就在每一天的点点滴滴之中，家长需要善于利用。如果不珍惜，这些了解与教育孩子的机会也就转瞬即逝了。

伊伊的一位好朋友的妈妈听从了我的建议，也在家里设置了一个"珍珠时刻"。但是没过多久，她告诉我她的儿子现在一听她说"珍珠时刻"到了，就立刻装睡。她使出了各种办法，孩子就是不配合，结果夫妻两个人倒是为此不断争吵。

我问她"珍珠时刻"是怎么做的，她告诉我，他们也会听孩子讲幼儿园的故事，陪着他一起做游戏，但是孩子父亲对孩子的要求很严格，如果听到孩子告诉他们在幼儿园被老师批评了，孩子的父亲就会给他讲道理，要求他明天到幼儿园向老师道歉。而且他们夫妻俩教育孩子的理念不统一，常常为点小事就忍不住吵起来。

这对父母都是大学老师，但是显而易见，他们没有理解"珍珠时刻"的意义。本来是应该表达爱意、拉近家庭成员亲密关系的时刻，反而搞得剑拔弩张，别说幼小的孩子，即使是成人，也会对这一时刻退避三舍。

我对这位妈妈说，在你设立的家庭最亲密的时刻，这么小的孩子，把被老师批评的事告诉你们，他的内心一定很痛苦，很希望你们帮助解决，可是你们却采取这样的处理方法，你认为将来他会信任你们吗？很有可能，如果再出现类似的事情，他就会用隐瞒和撒谎来应付你们。

"珍珠时刻"是让孩子感到家庭温暖的时刻，而不是伤害孩子的时刻，现在孩子不愿意参加你们的珍珠时刻，就是一个信号，说明他潜意识中已经对你们不信任，排斥你们。你们必须要进行反思，改变自己，才能和孩子建立亲密的关系。在我们谈话后，这位妈妈又找了我几次。过了一段时间，她告诉我，通过他们的改变，儿子认为"珍珠时刻"是他一天中最幸福的时候，因为只有这个时候，严厉的爸爸才会和他打闹成一团，还时不时地给他讲怎样做个了不起的男孩。孩子在幼儿园的表现也越来越自信。

要建立亲密的亲子关系，并非一朝一夕就能实现的，而是通过日积月累才会达到的。其中最重要的就是父母全身心的陪伴和无怨无悔的付出。

我们需要在日常生活中寻找机会，尤其是善于创造和利用一些增进亲子关系的"珍珠时刻"。能够拉近亲子关系的"珍珠时刻"，既可以是一些重要的节假日或者孩子的生日等关键时刻，也可以是每天中的一个重要时间段。

只要我们善于发现，这样的"珍珠时刻"无时不在，无处不有。这样的亲子时间不仅能够增进亲子之间的关系，还可以加强和改善夫妻关系。很多时候，孩子就是夫妻之间的润滑剂，能够缓和双方的矛盾，能够遏制互相的攻击。

而最重要的是，我们既然养育了孩子，就应该给他幸福感。有幸福感的孩子，才可以拥有自信和安全感，才可以成长得更为优秀，更能找到属于自己的幸福。

亲子阅读是一种享受。无论何时何地，父母都要认真地与孩子共读，放弃功利的读书目的。在这段亲子旅程上，孩子可以自由地伸展想象的翅膀，父母可以尽情地享受亲子的乐趣。

亲子阅读，重在亲子

亲子阅读，已经成为很多家庭每天的必修课。但是，到底应该读什么、究竟应该如何读，也是不少家长困惑的事，甚至还有不少父母认为，亲子阅读就是让孩子学习更多知识，认识更多汉字，给亲子阅读的美好时光贴上"任务"的标签。

其实，亲子阅读不仅是读一本好的绘本给孩子听，更是亲子互动的重要时刻。毫不夸张地说，亲子阅读就是一个重要的亲子沟通工具，就跟我们小时候听妈妈讲睡前故事一样，让孩子和父母的关系更加亲密。

被誉为"日本图画书之父"的松居直先生在他的代表作《幸福的种子》一书中这样写道："念书给孩子听，就像和孩子手牵手到故事国旅行，共同分享同一段温暖的快乐时光。"确实如此，一次亲子阅读，就是陪伴孩子的一次心灵之旅。父母和孩子一起读绘本，可以尽情感受阅读之美，全心享受亲子之乐。

如果我们把亲子阅读的功能扩展了，亲子阅读就是引导孩子欣赏美妙的图画，引发孩子发挥无尽的想象。我们和伊伊的亲子阅读，一般都是从儿童绘本开始，到天马行空结束。比如伊伊很喜欢《乌鸦面包店》这本绘本，几乎是百看不厌。在她6岁之前，我和妻子曾无数次拿着这本绘本和她一起看。每次看到各种各样的面包造型，伊伊都会惊叹这些造型太美了，并且会试着想一想还有什么更特别的造型。同时，我们一起讨论面包的制作工艺，哪种面包口味最好吃。有时候，我们还一起给绘本中的乌鸦的歌谱曲，并把它们欢快地唱出来。每次跟孩子读这本书，都能让我们笑得前俯后仰，久久不能放下。

儿童文学家彭懿在他的《绘本》一书中指出："绘本是用图画与文字共同叙述一个完整的故事，是图文合奏的。在绘本里，图画不再是文字的附庸，而是书的生命，甚至有很多绘本是一个字也没有的无字书。"对于儿童绘本来说，"画"才是是它的生命线，儿童凭借图画来读懂故事的脉络或者理解图画提供的知识、信息。儿童绘本中的画并不是插图，不是只在重复表现文字的内容，也不是作为文字的"助手"来出现，图画本身就是一个完整的创作，它的内涵甚至比文字讲述更丰富。对学龄前的幼儿来说，这才是读书的最初入口。

因此对父母来说，首先最重要的是给孩子选择合适的绘本。而如何在五花八门的儿童绘本中，挑选出一些好的适合自己孩子的绘本，确实需要父母花一些心思。

　　我在给伊伊选择绘本的过程中，通常会考虑三个方面：首先，应该是立足于孩子的角度创作，容易让孩子产生兴趣，能够很快抓住孩子的眼球。其次，一本好的绘本，不一定要写多少文字，但是它的图画一定要精美，传递给孩子的一定是美好的意境，可以让孩子主动认识和探索这个世界。最后，一本好的绘本，还应该是有趣的。松居直先生一直是"快乐纯粹地阅读"的倡导者，他认为"好的图画书用趣味盎然的方式，呈现孩子喜欢的事物，让孩子可以清楚地看见，并且深深地被感动。如果孩子看到一本内容精彩，而且描绘了他们想看、想听、想体验的事物的图画书，一定会感受到极大的喜悦。"

　　我曾经通过微博向家长推荐过几个系列的绘本，都是我和妻子经常跟伊伊进行亲子阅读的重要资料，也是伊伊非常喜欢的绘本，在此分享给更多家长：

　　一、儿童安全教育绘本：儿童安全教育，是不得不引起家长重视的一个话题。通过绘本对孩子进行安全教育，是一种很好的方式，相关主题的经典绘本有"学会爱自己"系列、"自我保护意识培养"系列、"我的第一套亲子安全绘本"系列。

　　二、生命教育的相关绘本：对于生命，只有真正了解和感悟，人们才会尊重，才会敬畏，才会珍惜。我们该怎么面对生死，怎么让我爱的人和爱我的人在有限的生命中过得幸福，这是我们应该引导孩子们去思考、去追寻的问题。通过阅读一些跟生命、死亡相关的绘本，让孩子正确看待死亡和生命。相关主题的经典绘本有《再见了，艾玛奶奶》、《獾的礼物》、《爷爷变成了幽灵》、《我永远爱你》。

三、儿童性教育绘本：性，对很多家长来说，常常难以启齿。绘本是儿童性教育的一种途径，不仅可以培养孩子的阅读习惯，还可以帮我们说话。推荐 4 本跟性教育相关的绘本：《小威向前冲》、《乳房的故事》、《毛茸茸：生理上的性别差异教育》、《小鸡鸡的故事》。

四、适合 3~6 岁孩子看的经典绘本：《巴巴爸爸》、《斯凯瑞金色童书·第一辑》、《小兔丝丝》（全 5 册）、《莫妮克无字书》（全 8 册）、《乌鸦面包店》、《小蓝和小黄》、《100 层的房子》（地上、地下）、《下雨天》、《蹦蹦和跳跳的故事》（全 10 册）。

当然，除了以上提及的儿童绘本，还有很多好的绘本可供选择。同时，男孩和女孩喜欢的绘本也有所不同，我们还需要根据孩子的兴趣挑选合适的绘本。

选好合适的绘本之后，我们的任务是陪孩子一起阅读，千万不要把书直接扔给孩子，指望孩子自己会看，这样做的家长无非是把绘本当成了另外一个"保姆"。根据我的亲子阅读实践，总结出以下几个方面，供家长参考：1.孩子永远是主角，让孩子先翻阅，讲过的绘本可以先听孩子讲讲这本书叫什么、讲的是什么样的故事；2.家长要有表情地朗读给孩子听，越是声情并茂，孩子越会听得投入；3.读完后，家长可以用提问的方式适当地引导孩子理解绘本，比如："你最喜欢哪个角色？""为什么呀？"，等等；4.家长可以和孩子一起，分角色表演故事；5.家长可以引导孩子续编故事。

亲子阅读的快乐，确实是一种享受。但无论何时何地，父母都要认真地与孩子共读，放弃功利的读书目的。我们可以借此机会重新做一回小孩，站在孩子的视角，从打开绘本的那一刻起，就带领孩子开启绘本世界的畅游，在幻想的世界里天马行空。这是一段宝贵的亲密之旅，孩子可以自由地伸展想象的翅膀，父母可以尽情地享受亲子的乐趣。

除此之外，我们还要为孩子创设一个好的阅读环境，让孩子从小喜欢上阅读。我们就为伊伊布置一个专门的阅读角，买回一个木质的小书架，为宝宝的书安一个家；还配备了一套小书桌，专门为她准备纸和笔，可以让孩子随时涂鸦、临摹等。孩子在好的氛围里更容易激发阅读的兴趣，慢慢就会养成自己阅读的良好习惯。

隔代教养，观念不一怎么办

"我和老公工作都很忙，女儿主要由外公外婆、爷爷奶奶轮流负责照顾。但我们和老人的教育观念很多都不一样，经常为孩子的教育问题发生争吵。同时，由于老人的宠溺，孩子也养成了一些不好的习惯，上幼儿园以后面临很多问题。对老人说多了，他们也不高兴。我该怎么办呢？"这是一位博友在私信里问我的问题。

类似于这样的困惑，相信很多家庭都会碰到，如何积极面对和有效解决，常常令身为孩子的父母和身为父母的子女左右为难。

于是，很多年轻的父母开始纠结，到底怎么跟老人进行沟通才能达成一致？究竟如何做才能减少老人对孩子的不良影响？我们到底是否应该把孩子交给老人照顾？曾有一段时间，我也为此产生过困惑。

"伊伊，不要乱跑，刚才你都摔跤了，还没有吸取教训吗！你非要进医院才可以消停吗？"这是心疼孩子的外公正在苦口婆心地关心孩子。

老爷子曾多次在我们面前语重心长地表达对我们教育女儿的忧虑，偶尔还会流露出些许不满。

"你看，这么小的孩子就有自己的想法了。""伊伊这么小，就这么任性，一点都不听话，以后怎么办？"类似这样的话，差不多已经成为老爷子的口头禅。

他们喜欢按照几十年前的教养方式培养孩子，希望把孩子教育成一门心思学习，不上蹿下跳，一本正经的"乖孩子"。

于是，妻子常常对我嘀咕："刚才老爸又不允许伊伊干这干那了，我真的很想冲上去告诉他，伊伊是人，不是宠物，能不能让她有自己的想法、做她可以做的事情！"

我有时候也会思考："如果长此以往，老爷子对孩子的影响会不会超过我们？老爷子对孩子的教育会不会把我们对孩子的教育抵消？"

但是，根据我很长一段时间的观察，发现孩子已经开始学会选择被教育。如果外公的唠唠叨叨一直不停，她就选择离开；如果外公当着全家人批评她的"不良行为"，只要我和妻子没有表态，她基本上就不当一回事，继续做外公看不惯的事情；如果外公让她不要干什么，她常常就偏要干什么，然后外公就只好气得拂袖而去。

面对其他三个家庭成员，她从来不会有这样的表现。对此，我的底线是，对待外公，她必须尊重，但是外公说的话是否需要严格执行，她可以自己选择。如果外公说得对，她不听从而犯了错误，就需要受到批评或适当惩罚；如果外公说得不对，她不听从，我们也不会追究。

隔代教养孩子，并不意味着父母就可以当甩手掌柜。对于子女的教育，父母的责任才是第一位的，更是责无旁贷的。如果老人的教养观念和方式跟我们不一样，子女要做的就是想方设法提高自己对孩子的影响力，让我们认为适合的教育观念和方式占据主导地位。

在孩子心中，一旦父母的影响超过老人，孩子自然就会对老人的话进行选择和过滤。别以为孩子很小，他们就会对大人言听计从。其实，孩子察言观色的能力丝毫不逊色于成年人。当孩子观察到大人的态度不一致的时候，他们一定会按照自己心目中最权威的那个人的要求行事。

而教育的前提是，孩子和家长要保持亲密的互动关系，彼此信任、坦诚沟通。只有在这样的情况下，家长对孩子的教育才能事半功倍。

最不可取的做法是——责怪家里的老人。无论怎样，我们在态度上都要尊重和理解老人，因为他们的观念已经根深蒂固，很多时候的行为其实就是出于惯性或者本能。对于他们，我们真的只能感恩。

如果跟老人出现冲突，我们需要采用恰当的方式，多跟老人沟通，让他们理解和认同我们的真实想法。虽然转变老人的观念很不容易，但只要经常跟老人聊聊天，分享其他人养育孩子的一些经验和教训，潜移默化地去影响老人，时间长了，就能改变老人对教育孩子的认识误区。

对于如今的孩子来说，吃喝拉撒睡不再是一件简单的事情，已成为折磨大人的头等大事。尤其是一日三餐，常常是引发很多家庭矛盾的导火索。

伊伊不到一岁的时候，就已经断了母乳，开始吃奶粉和辅食。自那以后，我们和老爷子就经常为孩子的饮食问题发生分歧，严重的时候还会演变为一场大人之间的没有硝烟的战争。

刚开始，因为伊伊的进食量争执不休。老爷子总认为小孩子吃得越多，对身体发育越好；而我们却认为孩子是永远饿不着的，一旦肚子饿了就会吵，所以不主张孩子吃得太撑。

妻子也会为此和老爷子吵，而每当发生这种情况，我就得出面调解，要避免出现更尴尬的场面。当然更多是劝妻子不要跟岳父争吵，同时也跟岳父沟通，向他表明孩子吃饭这些事情没有想象的那么严重。

后来，我们就有意选择一些相关的电视节目跟他一起看，听听专家的科学育儿指导。同时，我们也经常从图书馆借一些相关的图书回来看，看完觉得不错就顺便放在客厅，无意中就会发现老人家正在抱着这些书看。有时候，我们在餐桌上也会聊起其他小朋友吃饭的话题，比如每顿吃多少、吃什么，有意无意地举一些不强迫孩子吃饭的案例。

没想到，过了几个月后，老人家对待孩子吃饭的态度发生了可喜的变化，再也不满屋子追着伊伊喂饭了。当孩子胃口比较好的时候，他偶尔还会提醒她："伊伊，饭吃饱就行，不要吃得太撑，不然肚子会痛。"

虽然有的事情能够沟通，但大多数时候我们还是说服不了他。我们的策略就是不跟他正面顶撞，私底下还是按照我们的教育理念行事，久而久之他也就慢慢不反对我们了，有时想通了还会转而支持我们。

父母才是教育孩子的第一责任人，老人虽然可以帮忙照顾孩子的饮食起居，但永远无法取代父母对孩子的陪伴和爱。

　　隔代教养孩子到底难不难，关键取决于孩子的父母，而不是我们的父母。虽然我们无法选择自己的父母，但完全可以选择面对父母的态度和方式。

教养贴士 老公和孩子一样，大多数是需要培养的。因此，妈妈需要引导爸爸参与育儿，改变爸爸的观念，让爸爸体验育儿的快乐。

好爸爸是培养出来的

"别人的老公既忙着赚钱养家，回到家又悉心照顾家庭和孩子。看着我家老公就来气，回家就知道玩游戏、看电视，既不做家务，也不管孩子，有时还对我们大喊大叫的。怎么才能让他成为一个好老公和好爸爸？"这个问题是网络上一位博友的担忧，她希望孩子能够在一位好爸爸的影响下成长起来。

而就我所知，这样的烦恼，应该不只属于少数妈妈。很多妈妈都希望老公能够在照顾家庭和教育孩子方面多花些精力，为自己分担压力，为孩子承担责任。但这往往是妈妈们的一厢情愿，也许吵过，甚至骂过，但都无济于事。

一般来说，女人在养育孩子方面，似乎更有天赋，也许缘于女性的细腻，更多缘于母性的光辉。相比女人，男人更粗枝大叶，缺少耐心。

其实，老公和孩子一样，大多数都是需要培养的。因此，妈妈的引导和鼓励就显得格外重要，绝不是训斥和怒骂能实现的。

首先，需要转变老公的观念。"男主外、女主内"是很多男人的信条，也很符合人们的传统观念。他们认为自己是家里的顶梁柱，只要赚钱养家就行。在一些爸爸眼里，洗衣做饭、接送孩子等家务和育儿方面的事情，由老婆承担是天经地义的。

由于这样的认识误区，所以，很多爸爸压根儿就想不到自己还有教育孩子的重任。他们喜欢当"甩手掌柜"，能把孩子丢给祖辈的就丢给祖辈，能丢给妈妈的就丢给妈妈。

所幸的是，现在的社会已经越来越开放，大多数妈妈都有自己的事业和工作。很多爸爸开始主动参与到家庭事务中去，洗衣做饭不再是女人的专利。他们也愿意承担养育孩子的重任，接送孩子逐渐成为分内之事。

我有一个同学，家有两个小男孩，一个3岁多，主要由他负责照顾，另一个1岁多，主要由老婆照顾。虽然家里也请了保姆帮忙，但陪伴孩子和接送孩子的任务主要还是家长承担。

每一次外出，我都看到爸爸一般是陪着大儿子玩，也看得出来，大儿子跟爸爸最亲。如果爸爸暂时脱离自己的视线，他就会哭着找爸爸。更令人惊奇的是，有一次我们相约去听一场讲座，那位同学居然只身一人带着孩子来听。他在会议室里认真听课，孩子就在外面跟会务组的叔叔阿姨一起玩。两个小时的讲座，我就看见他偶尔出去看看孩子，然后再继续回来听课。

看到这一幕，也让我这个自以为很称职的爸爸赞叹不已。其实，在我们的身边，这样的好爸爸已经越来越多。因此，那些苦于难以转变老公观念的妈妈，完全可以让老公结交更多这样的好朋友，通过耳濡目染，很多观念的转变就会在长期的潜移默化中逐步完成。

其次，让老公体验育儿的快乐。很多时候，老公不愿意参与到育儿过程中去，其中很重要的一个原因就是，他们很少感受到育儿的幸福，打心底认为教育孩子就是一件苦差事。不到万不得已，他们绝不会主动出场。

在有孩子之前，我并不是一个特别喜欢小孩的人，跟我几个亲外甥也不是特别亲。那个时候，总觉得小孩很麻烦，一会儿要吃饭喝水，一会儿又要换尿片，一不小心就会惹得孩子大哭大闹。很多男人在未当爸爸之前应该会有同感。

但自从伊伊呱呱坠地，我就仿佛一夜之间变了一个人，开始变得特别喜欢小孩子。刚出生的那几天，我老是喜欢抱着孩子不放。伊伊的第一个尿片是我换的，她第一次喝奶粉，也是我主动要求兑的。

在陪着伊伊成长的这 6 年里，我收获了太多的欢乐，早已把养育孩子当成了很享受的事情。几乎每一天，我都会在陪伴孩子散步时放松身心，都会在跟孩子游戏中欢呼雀跃，都会在给孩子讲绘本时眉飞色舞。

育儿的快乐，就在举手投足之间，就在生活点滴之中，只有我们全身心投入才能感受得到，只有我们用心感受才能寻找得到。

　　作为妈妈，也要经常跟爸爸分享养育孩子的开心事，通过自己的一言一行去影响他、感染他。同时，还要主动帮助老公发现跟孩子在一起的欢乐，因为男人有时候是后知后觉的。

　　再次，要学会鼓励老公的学习和成长。没有任何人是天生就会做父母的。无论男人还是女人，都需要在养育孩子的过程中逐步摸索教育孩子的方式方法。同时，我们还需要不断学习科学的育儿知识以掌握儿童心理，善于借鉴别人的育儿案例以丰富养育经验，勇于吸取别人的育儿教训以避免重蹈覆辙。

　　值得高兴的是，身处网络时代，很多育儿资讯、学习资料，可以说是应有尽有。既有专门讨论如何培养孩子的教育社区和论坛，也有方便快捷、内容丰富的微博和博客，还有能够网络天下的百度和谷歌。

　　目前，关于亲子教育的公益讲座也越来越多，亲子教育的相关图书也在不断推陈出新，既有大量引进国外的书籍，也有很多本土专业人士的专著。

　　妈妈在学习的同时，要尽量引导和鼓励爸爸多看看育儿书籍，多听听育儿讲座或课程，多进社区、论坛或微博讨论互动，多上网搜集育儿资讯。

　　当然，如果老公在态度和行为上取得进步，老婆还需要经常给予表扬和肯定，最好是当着孩子的面或者亲戚朋友的面，通过具体事例多夸夸老公的优点。任何人都不会拒绝别人的赞美和赏识。

　　最后，要维护老公的尊严和威信。老公毕竟不是孩子，即使他的某些行为还不如孩子令自己开心，也不要对他大呼小叫，更不要乱骂。

否则，不但会让他远离孩子，甚至还可能让夫妻关系陷入僵局。尤其不能随便当着亲戚朋友的面训斥或者打骂，这是很多男人最忌讳的一面。无论老公在外面犯了多大的错误，都要给他留足面子，尽可能回到家里再心平气和地进行沟通。

今年春节期间，我们几个老朋友一起聚会。在大家觥筹交错间，一位朋友不经意间喝醉了，就开始在饭桌上胡言乱语。过了很久，他老婆实在忍不住了，就把筷子向他扔过去，希望能够引起他的警觉。不曾想，这个举动让整桌人都陷入一时的尴尬，于是纷纷相劝。虽然不知道那位朋友的感受，但我一直感觉这种做法不太好，很容易让男人在朋友面前难堪，很容易引发家庭矛盾乃至上演家庭暴力。

妈妈还要注意维护爸爸在孩子心中的形象和威信，这很重要。如果爸爸感觉自己在孩子心中占有一定地位，感觉自己在老婆心中具有一定尊严，他们就会更加乐于参与到养育孩子的过程中来，就会更加主动地承担起照顾家庭的重任。

不要给孩子强加 "兴趣"

在幼儿阶段，关于上不上兴趣班、上什么样的兴趣班，也是很多家长比较关心的话题。

曾几何时，在家长圈里流行这样一种说法，每个孩子至少需要掌握一门乐器、精通一门棋艺或书法、擅长一个体育项目，最好是琴棋书画样样精通。

所以，我们就会看到大多数学龄前的儿童以及部分中小学生，周末和假期大都在各种兴趣班之间穿梭。在他们忙碌的脚步和身影背后，收获的却并不一定是快乐的成长。

因为，很多家长让孩子上兴趣班，有一个最大的误区，不是希望真正培养孩子的爱好和特长，而是希望孩子掌握更多独门绝技。绝大部分家长都觉得兴趣班一定要上，而且多多益善。这样就可以培养孩子更多的特长，甚至可以发展成为日后赖以生存的一技之长，一技在手就可以终身无忧。

我有个朋友，一直要求孩子学钢琴，她的理由可能代表了部分父母的内心想法："一方面，钢琴考级可以对以后择校有帮助，证明孩子有特长；另一方面，等孩子长大后还可以教其他小孩子弹琴，这样也能有点额外收入。"

抱持这样的功利目的和心态，我们往往更关注的是孩子上兴趣班学到了什么技能、掌握了多少本领、上每次课的进步有多大。从兴趣班回来，大人往往问孩子的第一句就是："今天老师又教了什么呀！展示给爸爸妈妈看一下吧！"

为了迎合家长的现实需求，老师的教学方向和形式因此也逐渐变得更实用、更功利，每一次课都考虑一定要在课堂上教会孩子什么，希望孩子回家能展示给家长。

这样做，虽然家长和老师配合得天衣无缝，但却跟真正的兴趣班应有的作用相去甚远。

让我们先来了解到底什么才是真正的兴趣。兴趣指兴致，对事物喜好或关切的情绪，是人们力求认识某种事物和从事某项活动的意识倾向，它表现为人们对某件事物、某项活动的选择性态度和积极的情绪反应。

真正的兴趣在人的实践活动中具有极其重要的意义，可以使人集中注意力，产生愉快紧张的心理状态。如果说得更简单一点，兴趣就是人们疯狂喜欢某个事物或某项活动，并愿意全身心投入这个事物或这项活动。

作为家长，在给孩子选择兴趣班的时候，是不是完全遵循了孩子的兴趣和爱好呢？有多少兴趣班是孩子真正喜欢，你不让他去上他就会跟你急的呢？又有多少兴趣班是我们自作主张，强迫孩子去上，最后你让他去上他就会跟你急的呢？

我有个老同学，提到孩子上兴趣班的时候，总是很感慨地说："我发现兴趣班一定要让孩子自己选择，我儿子自己选择的兴趣班他都坚持下来了，我帮他选的到后来都不去了。我观察了一下，周围的孩子也是如此，凡是家长强迫孩子参加的效果都很差。"

有些家长只要看到别人的孩子在学什么班，生怕自己的孩子落后于别人，不管他是否喜欢，通通给孩子报上；只要觉得学了什么班，能对今后的幼升小、小升初等择校有用，不管孩子是否喜欢，也通通给他报上。总而言之，家长恨不得把劲儿全都使在孩子身上。

如果家长在帮助孩子选报兴趣班的时候，不是从孩子的兴趣出发，而是从父母自身的兴趣或者从功利的角度（考试会加分、择校有帮助）出发，就将失去上兴趣班的真正意义。

到头来，我们不是在真正培养孩子的兴趣和爱好，而是在提前破坏孩子的学习胃口，最后让孩子对所有事物或活动都丧失兴趣，甚至对生活都感到枯燥乏味。

孩子自发产生的兴趣爱好，会让孩子始终处于快乐的状态。而兴趣一旦成为特定的目标就会变得痛苦，因为加上人为的功利因素，就免不了急躁和焦虑，就少不了强制和压力。

如果我们选择的兴趣班，真正契合了孩子的兴趣和爱好，那么就应该鼓励孩子尽情享受学习过程中的乐趣，而不仅仅是一味追求一定要达到什么程度。

从伊伊两岁多开始，我们就开始尝试给她报兴趣班。选择的第一个项目，就是以玩为主的创意画画。当时的想法是，两岁多的孩子，在家太孤单，报个兴趣班让她跟更多的小朋友一起玩。前几次课，因为胆小，还经常哭鼻子，甚至还需要大人在教室里陪着她。后来逐步适应以后，每次去就会很开心。

上了半年后，伊伊觉得太简单，我们就在文化宫给她报了绘画班。由于伊伊从小就很喜欢画画，两年多来，她一直坚持上这个兴趣班。不管刮风下雨，她都不会缺课。有的时候，恰好碰到我们朋友或同学组织的家庭聚会或亲子活动，想要她一起去她都会拒绝。

每次上完绘画课回到家，伊伊都会认真完成老师布置的画画任务。平时在家没事，她也会自己拿出纸笔、颜料等工具，全身心投入到画画中去。

有一天下班回家，刚进家门，我就发现伊伊跟往常不一样，一个人趴在客厅的茶几上，正在认真地画画，丝毫没有察觉我的存在。平时，只要我开门，她都会主动迎上来，不是给我取鞋，就是帮我拿包。可是那天，她却忘我地投入了自己的绘画创作中。

看着她全神贯注的样子，我实在不忍心打扰她画画。于是，就忙自己的事情去了。

没过多久，伊伊的作品终于完成了，她大声吆喝我们赶紧去欣赏自己的成果。她一边挥舞着手中的作品，一边给我们解释自己的创意。

原来她不仅是在画画，而且完成了一个创意故事。画了几页纸，连起来就构成了一个完整的故事，并且参照绘本的格式，还给每页画面配上了相应的文字。通过画面和文字，绘声绘色地给我们讲了一个小兔子找妈妈的故事。听完后，全家人都为她鼓掌喝彩，同时表扬她在画画和创意方面的进步。

有一段时间，伊伊对画画几乎到了痴迷的程度。她每天都会花几个小时来完成数幅作品。她已经完全把画画当成了一件好玩的事情，除了画绘本以外，她还会画一些娃娃，再把这些娃娃剪下来，一起过家家，也会画一些藏宝图送给小朋友让他们去挖宝藏。

不过，她最喜欢做的事情就是每天画好几幅画作为礼物，送给她喜欢的人，比如爸爸、妈妈、外婆、外公以及某个好朋友。特别是在一些节日和家人的生日，她都会利用这个机会把自己的画送给我们。

幼儿园老师也在她的成长手册上说，伊伊的画画得非常好。还要推荐她去参加幼儿园的绘画比赛，并且是班上唯一一个参加比赛的小朋友。在老师和家人的鼓励和肯定下，伊伊在绘画上的自信心也大增。

我们都能感觉到她在画画中获得了极大的快乐。她还重新对自己的理想做了调整，告诉我："爸爸，我现在不想当大厨师了，我想当画画的老师，教小朋友开心地绘画。"

作为家长，既然孩子有了这个兴趣，我们能做的，就是尽可能提供条件和资源。我们准备了各种画画工具给她，帮她报名绘画班，也给她买了很多适合她读的绘本，经常带她去参观一些艺术类的展览。

　　同时，我们并没有对她画画抱有任何功利目的。只要孩子喜欢，我们更希望她能够坚守这份兴趣就好。至于是否如她所说，画画成为她的一项职业，画得好是否对她以后升学有所帮助，是否一定要去获得比赛大奖等，我们从来都没有去考虑。

　　幼儿园期间，我们也给她报过一年的英语班和一年多的舞蹈班。英语班是以外教为特色的，通过寓教于乐的形式学英语口语，一年后她就不想再上了；舞蹈班倒是她也很喜欢的项目，不过跳了一年多后，因为老师都是在不断重复以前的内容，她觉得很枯燥，就暂时停下来了。对于这两个兴趣班，我们的想法跟让她学画画完全是一样的。

　　有些家长认为既然投入了大量金钱和时间，就一定要让孩子成为这方面的高手，一定要考取这个领域的相关证书，同时还希望立竿见影。如果孩子学了一段时间，没有任何长进，他们要么就认为是老师教得不好，要么就认为是孩子没有这方面的天赋。

　　孩子的身心发展有其自身成长的规律，对一项天赋的发掘或者兴趣的培养，是一个长期的过程，我们应该更在意孩子在兴趣班的感受和状态，而不仅仅是某个阶段的结果和目标。

幼小衔接，家长更需要智慧

"孩子快上小学了，可是拼音、算术都还不会，字也认得不多。看着别人家的孩子什么都会，我真着急啊！"这是一位家长在幼儿论坛上发的帖子，参与议论的回帖有上千条。孩子在学前阶段，到底该不该提早学习小学课程，对很多家长来说，都是一段痛苦的挣扎。他们既担心孩子输在所谓的"起跑线上"，又担心孩子因提前学习，结果上小学后，对学习内容味同嚼蜡，丧失学习的兴趣和动力。也有一些家长选择了两个极端：要么让孩子什么都不学，是"自由"教育的拥趸；要么对孩子全方位、多角度填鸭，成为应试教育的"帮凶"。这个阶段，不仅需要家长用心，更需要智慧。

伊伊进入大班以后，面对身边与她同龄的孩子纷纷被送进各种幼小衔接的培训班，我们选择了以往的快乐教育方法，不希望她过早背负应试教育的压力，但是令我们没有想到的是，孩子自己竟然因此产生了自卑的想法。一天，她从幼儿园回到家后满脸郁闷地问我："爸爸，为什么涛涛什么都会呀？他现在已经会做 20 以内的加减法了，还会用拼音拼汉字。我怎么什么都不会，你说我是不是太笨了呀？"隔了几天，她回到家又说："今天佳佳用英语给我们讲了一个小故事，老师表扬她很棒！我跟他们比起来，太笨了。"这一点，让我始料未及，也让一向坚定的我感觉到了些许紧张，甚至还逐渐引发内心的焦虑和恐慌，我开始担心自己的教育方法是否会导致孩子不能很好地适应小学生活，从而引发一连串不好的结果。我和妻子特意拜访了一位小学特级教师，详细询问了小学课程及教学特点。老师告诉妻子，入学前，孩子能力与习惯的培养，比提早学习小学课程更为重要。我们这才放下心来。但是，我们也不愿意女儿因此产生自卑的心理。于是我主动和她讨论他们班上都有哪些小朋友有了不起的本事。伊伊数着手指一个一个告诉我：这个小朋友会读报纸了，那个小朋友会做双位数的加法呢……等她数完了，我说："你忘了说一个小朋友了。"伊伊疑惑地看着我。我指指她："就是你自己呀！你想想，你会画画，跳舞也很棒，尤其讲故事，老师不经常让你给小朋友们讲故事嘛！""对呀！"女儿恍然大悟地点点头，"老师还经常表扬我手工做得好呢！""所以说，每个小朋友的长处不一样……"我帮助她自己回忆，哪些是她比较擅长的地方、哪些是她做得很好的地方，大多都是列举一些具体的案例，就事论事，而不是泛泛而谈。通过我的引导和她自己的回忆，伊伊找到了自己身上的很多闪光点，她兴奋地说："爸爸，原来我和涛涛一样棒啊！"

在帮女儿找回自信的同时，我们也有意识加强那位老师建议我们的有关孩子学习能力与学习习惯的培养。我记起伊伊进入大班以后，由于处于书写敏感期的阶段，她的学习热情非常高，有段时间要求我们买田字本给她练习写字。于是，我抓住她主动学习的这个劲头，赶紧买来了田字本，并和她相约，每天写一页。但是写字一般控制在每天 5 分钟左右，而且完成后还以贴纸奖励。同样，为了满足她希望像涛涛那样厉害的愿望，我运用游戏的方式，跟她一起学习简单的数学。对幼儿园大班的孩子来说，学习数学就是把数和量一一对应，学会数数和数量对应，比学会加减法更为重要。伊伊是通过拍皮球的方式学会数数的，她很快就能从 1 数到 200 多。此外，我还让她学习倒着数数字、按单数数数字、按双数数数字，通过各种变化，让孩子自己找寻数字的规律，这样做，孩子不容易感觉枯燥。

在我看来，这些活动都一定要围绕孩子自身的成长需求来进行。很多时候，"拔苗"非但不能"助长"，反倒会"害长"。任何违背儿童身心发展规律的行为，必然发生可预见或不可预见的后果，并且难以消除给孩子成长带来的负面影响。

我一位朋友为了让孩子考入一所重点小学，从孩子 3 岁起，就开始报各种早教班，学英语、拼音、思维训练、围棋、游泳、绘画、钢琴等，几乎把孩子的空余时间全部排满了，希望孩子多拿几项幼升小的敲门砖。没想到，从去年开始，孩子经常莫名地眨眼、摇头、耸肩，到医院检查，发现是因为压力过大、精神紧张导致的"抽动症"。这位朋友后悔万分，在医生的建议下，停掉所有早教课程。虽然经过一年多调养，孩子病情基本得到控制，但现在一提到学习就头疼。家里人开始为孩子能否顺利适应小学的学习发愁。

现在很多幼儿园，从大班下学期开始，就把幼小衔接作为一项非常重要的教学内容。几乎每天，老师都会跟孩子们讨论上小学的一些事情，有的幼儿园还为大班小朋友专门准备了一间模拟教室，完全布置成小学教室的样子，让孩子们能提前熟悉上课的环境。我们做家长的要积极配合老师，孩子回到家中，多和孩子交流一下老师都讲了哪些有关小学的新鲜事。

当然，我们也有很多方面是可以自己在家做的。由于伊伊特别爱画画，所以，很多时候放学回到家后，我们就让伊伊通过画画，来描绘老师跟孩子们讲的小学生活。有一天，她专门画了一个小学的洗手间："爸爸，你不知道吧，小学的厕所可是分男女的，跟幼儿园完全不一样啊！"后来，她还画了小学的操场和教室、画小学老师上课的场景，并严肃地跟我说，"爸爸，我知道，以后上课一定要认真听讲，不能东倒西歪的。不然，老师会不高兴的。"

此外，从大班下学期开始，我们还把每天晚上的"珍珠时刻"（睡觉前的亲子时间），有意识地融入跟小学有关的内容。我们模拟小学的课堂，像老师上课一样，大人站着，孩子坐着，给伊伊讲故事或者百科知识；我们还把小学一天的学习和生活，编成一个个有趣的故事，讲给伊伊听，告诉她小学会有哪些课程、小学生应该怎么上这些课。而这一切，让伊伊对小学的学习生活越来越盼望。她也清楚地知道，上小学要起得更早，每天会有家庭作业，上课要更加认真听讲，对自己的要求要更高，甚至还要吃一些苦头。但是，从跟伊伊的交流中能明显感觉到，她觉得小学比幼儿园更有意思。应该说，她已经准备好要迈出人生最重要的一步了。我相信这比让她死记硬背了多少知识、掌握了多少技能、具备了多少特长更为重要，这些方面，才是为孩子"助长"的关键因素。

后记
养育孩子，我们真的需要靠"悟"

六年前，在我家大宝即将幼儿园毕业的那个六月，我的第一本亲子教育作品《陪孩子一起上幼儿园》正式出版。在这本书里，我用心总结了自己陪伴大宝伊伊走过幼儿园三年的心路历程，没有空洞的说教和枯燥的理论，大都是有趣的故事和实用的方法。

彼时的微博正值如日中天，而我发的微博原创内容深受博友们的欢迎，我出版的这本新书随之成为微博上的新宠，因为博友对我的教育理念的认可和对我的新书内容的喜欢，博友们争相转发，家长朋友们竞相购买，最终让我的这本书成为至今仍然畅销的亲子家教作品。

时光荏苒，今年六月，我家二宝小雨也即将从幼儿园毕业。我在陪伴小雨成长的过程中，又收获了很多的心得体会，更多的是认真总结了伊伊上幼儿园期间做得不好、重视不够的一些方面，比如入园准备，尤其是生活自理能力如何培养，怎样缓解父母的入园焦虑，孩子的入园哭闹如何破解，怎样让孩子学会保护自己，等等。这些内容都是本次修订的重点，当然也是很多家长特别关心的话题。

当伊伊完整经历过小学，特别是经历了小升初后，让我更加坚定了自己的教育理念。从幼儿园到大学等各个阶段的教育中，幼儿教育才是根。孩子的教育，特别是成为"人"的教育，开始得越早越好。

幼儿阶段，恰好是人格培养、习惯养成的关键时期。正如古人云："三岁看大，七岁看老。"在这个阶段，孩子养成的习惯、形成的性格、培养的品格，将影响孩子的一生。虽然我们会在三岁以后把孩子送到幼儿园，但学校与家庭的职责和分工毕竟不同，仍然需要父母多花时间在孩子身上。其实，最好的早教，就是父母的教育。家庭的氛围将会让孩子耳濡目染，大人的言行会让孩子潜移默化。我一直认为，父母的陪伴是给孩子最好的礼物，尤其是在孩子上幼儿园的这三年时间。而这个教育的时机，一旦错过就无法挽回。

当然，在幼儿园阶段，除了重视习惯的养成和性格的培养之外，同样需要重视孩子的启蒙学习，需要通过寓教于乐的方式，让孩子在玩耍和游戏中进行启蒙阶段的学习。当然，我也是把这些方面运用到二宝小雨身上，进行实践和验证的。

就拿英语启蒙来说吧，我是从小雨一岁多，就开始关注他的英语启蒙了。最初，我们主要就是给他听英语儿歌，玩英文字母，几乎玩遍了各种各样的英语字母玩具和字母书，比如磁性字母贴、字母小火车、字母造型的卡片等，经常变着花样玩。我记得差不多玩了一年左右的时间，他对26个英文字母滚瓜烂熟，也顺便学会了一些日常生活中的英语单词，但令我最欣慰的不是这些，而是他对英语学习的兴趣日益高涨，只要看到英语字母和单词就特别兴奋。我想这才是英语启蒙的最终目的，而其他方面的启蒙学习又何尝不是如此。

　　两个孩子的出生以及成长，应该说给我上了生动的一课。虽然自己以前学过很多教育理论，但养育孩子的亲身经历，却让我醍醐灌顶。很多的理论，在活生生的教育实践面前，总是显得那么苍白无力。其实，在所有孩子面前，没有任何一套放之四海而皆准的理论，没有任何一个全盘照搬就有效的模式，更没有任何一本无所不包的"红宝书"。养育孩子，我们真的需要靠"悟"。

　　我之所以再版这本书，一是考虑到第一版已经六年了，世易时移，有些情况已经发生变化，二是在陪小雨上幼儿园的这几年里，又发现了一些值得分享给读者朋友们的心得和体会。借此再版之际，我恰好可以重新进行梳理，不过，第一版中的全部内容都得以延续，同时新增了一些重要内容。

　　跟第一版一样，书中没有太多枯燥的理论，更多的是生动的故事；书中没有太多生硬的说教，更多的是具体的指引；书中没有太多的高谈阔论，更多的是娓娓道来；书中没有太多的长篇大论，更多的是精致小品。

　　希望再版后的这本书，能够给即将或已经上幼儿园的孩子的家长朋友们提供更多帮助，真正成为你们的枕边书。当然，也完全可以作为幼教工作者的参考书，在家园共育之路上助你一臂之力。

　　　　　　　　　　　　　　　　　　　　　　　付小平